CÓMO
CONSTRUIR
RÁPIDAMENTE
TU NEGOCIO DE
NUTRICIÓN
EN REDES DE MERCADEO

KEITH Y TOM "BIG AL" SCHREITER

Cómo Construir Rápidamente tu Negocio de Nutrición en Redes de Mercadeo

Publicado por Fortune Network Publishing

PO Box 890084
Houston, TX 77289 Estados Unidos
Teléfono: +1 (281) 280-9800

BigAlBooks.com

ISBN-13: 978-1-948197-73-1

CONTENIDOS

Viajo por el mundo más de 240 días al año.
Envíame un correo si quisieras que hiciera
un taller "en vivo" en tu área.

→ BigAlSeminars.com ←

POR QUÉ NECESITAS
COMENZAR A HACER
REDES DE
MERCADEO

Cómo Eliminar El Riesgo
Y Tener Una Vida Mejor

KEITH SCHREITER

¡OBSEQUIO GRATIS!

¡Descarga ya tu libro gratuito!

Perfecto para nuevos distribuidores. Perfecto para
distribuidores actuales que quieren aprender más.

→ BigAlBooks.com/freespanish ←

Otros geniales libros de Big Al están disponibles en:

→ BigAlBooks.com/spanish ←

PREFACIO

¿Vendemos productos de nutrición o salud y bienestar?

Si ofrecemos productos para mejorar la salud, este libro será un cofre del tesoro de ideas nuevas para convertir a nuestros prospectos en clientes o distribuidores.

No toda idea aquí será la idea perfecta para la situación perfecta. Pero todo lo que hace falta es una buena idea para cambiar nuestro negocio y nuestro ingreso por siempre.

En este libro cubriremos cosas muy buenas qué decir y hacer para nuestros prospectos y nuestras oportunidades. Recuerda, es en la calidad, más que en la cantidad de ideas que aprendemos, donde está la diferencia. Y debemos de ponerlas en acción.

Los productos de salud son "preventivos" y difíciles de vender a prospectos nuevos. ¿Por qué? Debido a que puede que no vean o sientan una diferencia inmediata.

Hay un viejo dicho, "Vender la prevención es difícil. Vender la cura es fácil."

Los prospectos gustosamente tomarán acción con una cura. Aquí hay un ejemplo.

Recibimos un aviso de nuestro dentista sobre nuestra revisión anual que se aproxima. No estamos muy motivados.

Pero luego tenemos un dolor de muelas. Tomamos acción inmediata y le llamamos para conseguir una cita urgente.

En la mayoría de los países, los productos de salud se clasifican como prevención. Los medicamentos farmacéuticos se clasifican como curas.

Pero no te preocupes. Podemos aprender cosas geniales qué decir y hacer para ofrecer nuestros productos de salud. Es por eso que tener las palabras correctas hace una gran diferencia.

Por favor ten en cuenta, muchos estados, países y agencias de salud tienen leyes diferentes. Y por supuesto, nuestras compañías también tienen una variedad de regulaciones. Debido a que lo que podemos y no podemos decir cambia frecuentemente, asegúrate de revisar las reglas vigentes para hacer declaraciones de salud con tu compañía.

Pero todos los ejemplos en este libro nos ayudarán a crear mejores palabras para obtener mejores resultados. Nuestras palabras pueden ayudar a más personas a tomar ventaja de lo que estamos ofreciendo.

Vamos a comenzar ya con algunas cosas geniales que podemos decir y hacer.

DECISIONES.

Estamos en el negocio de "tomar decisiones." Nuestra compañía provee los productos, el sitio web, los abogados, el departamento de servicio al cliente, e incluso hacen el envío directamente a nuestros clientes.

De hecho, nuestra compañía puede hacerlo todo excepto...

Hacer que los prospectos tomen la decisión de "sí" convertirse en clientes, o unirse como distribuidores.

Y ahí está el por qué nuestra compañía nos necesita.

La compañía hace casi todo. Todo lo que debemos de hacer es conseguir la decisión de "sí" de parte de nuestros prospectos.

¡Vaya! Esta es una propuesta genial para nosotros. ¿Por qué?

Por que nuestro trabajo es fácil. Una vez que aprendemos cómo los prospectos toman decisiones, podemos construir un negocio enorme en tiempo récord. ¿Conseguir nuevos clientes? Fácil. ¿Conseguir nuevos miembros del equipo? Sin problema.

Así que la pregunta obvia es, "¿Cómo los prospectos toman decisiones?"

Bien, la respuesta podría sorprendernos.

Así que, vamos al grano.

Esto es cómo las personas NO toman decisiones:

- Esperan que el universo les de una señal.
- Escuchan esa vocecita dentro de su cabeza.
- 10,000 razones a favor, y 9,000 razones en contra.
- Se sientan durante una hora en una presentación, miran videos y analizan diapositivas de PowerPoint, escuchan testimonios, y al final de la presentación, cuidadosamente consideran los pros y los contras, y luego toman una decisión lógica basados en los hechos.

Bueno, esto podría ser lo que los demás nos habrán enseñado, pero la realidad es mucho muy diferente.

Si supiéramos exactamente cómo los seres humanos toman decisiones, ¿cuánto valdría eso?

Millones.

Y es por eso que debemos continuar leyendo.

Esta es la historia corta.

La ciencia de tomar decisiones es un tema enorme. No entraremos en eso en este libro. Todo lo que necesitamos aprender son cuatro simples pasos para que nuestros prospectos tomen una decisión afirmativa, para que podamos tener un negocio exitoso promoviendo salud en redes de mercadeo.

Paso #1. Construye afinidad. Si no le agradamos a nuestros prospectos o no confían en nosotros, entonces, nada de lo que les presentemos hará una gran diferencia. Afortunadamente, sólo tenemos que pasar pocos segundos en este paso para obtener la confianza y la creencia que necesitamos.

Paso #2. Romper el hielo. Ahora que nuestros prospectos nos están escuchando, podemos introducir nuestro negocio en una conversación social. Muchas ocasiones nuestros prospectos tomarán su decisión final aquí, basados en cómo describimos nuestro negocio. Nuestros prospectos podrían pensar, "Oye, eso suena bien. Yo quiero eso."

Paso #3. Cerrar. Después de que le dimos a nuestros prospectos una breve pista sobre nuestro negocio cuando rompimos el hielo, tendrán algunos programas previos en sus mentes. Podrían tener un programa que significa que quieren vivir más tiempo. Podrían tener un programa sobre merecer ganar más dinero. Para estos prospectos, una decisión de "sí" es instantánea. Y para otros, podemos pedirles que tomen una decisión de "sí" o "no" con sólo una frase o dos.

Los tres pasos anteriores podrían tomar 15 segundos. Relájate. Es difícil de creer ahora, pero veremos cómo esto funciona en este libro.

Paso #4. Si la respuesta al Paso 3 es "sí," entonces, y sólo entonces daremos una presentación.

Y eso es todo. Nuestra presentación podría tomar tan poco como 15 segundos, o tanto como nuestro prospecto quiera. En este libro cubriremos muchas mini-presentaciones que sólo requieren unas pocas frases.

Ahora, de regreso a la historia corta.

Aprenderemos estos pequeños cuatro pasos, y obtendremos decisiones positivas.

Así que prepárate para más clientes y miembros de tu equipo.

Pero primero, necesitamos encontrar personas con quién hablar.

¿CON QUIÉN PUEDO HABLAR PRIMERO?

Antes de que sigamos nuestros cuatro pasos en nuestras conversaciones, primero necesitamos encontrar a alguien con quién hablar. Así que, ¿cómo conseguimos una cita para hablar con los demás?

Demos un vistazo a tres tipos de prospectos.

Primero, nuestros parientes y amistades cercanas.

Hay un viejo dicho, "Los perros saben a quién morder."

Las personas que mejor nos conocen serán capaces de detectar cuando estemos tratando de venderles algo. Ellos sienten nuestra desesperación y nuestras intenciones. Si detectan nuestras intenciones, ¿cuáles deberían de ser?

Querer ayudarlos.

Antes de que hablemos con nuestros parientes y amigos cercanos, vamos a pensar en nuestras intenciones. ¿Qué son las intenciones? Son nuestros pensamientos y propósitos sobre un resultado esperado.

Los prospectos notan nuestro tono de voz, nuestras micro-expresiones faciales, y nuestro lenguaje corporal. Sea cual sea la intención que elijamos, brillará a través de nuestras acciones. Nuestras intenciones tendrán más impacto que las propias palabras que digamos.

Antes de que digamos nuestras primeras palabras, vamos a establecer nuestra intención dentro de nuestra mente. Deberíamos de pensar:

1. Quiero ayudarle.

2. Sólo ofreceré una opción.

3. Puede decidir si esta opción le sirve o no.

¿Y cuál debería ser esta opción?

Tal vez les ofreceremos una oportunidad de tener un segundo ingreso en sus vidas, de fortalecer su sistema inmunológico, o de cuidar sus cuerpos para poder vivir más tiempo.

Pero recuerda, sólo estamos ofreciendo una opción. Eso significa no convencer, y no usar técnicas de venta de alta presión.

Piensa en esto como elegir un restaurante para comer. Podemos sugerir un restaurante con nuestros parientes y amigos cercanos, pero está bien si ellos eligen no comer ahí.

Nuestros prospectos aprecian las opciones adicionales en sus vidas. ¿Quién no? Podríamos decir, "Esta es una opción más en tu vida. Puedes tomar ventaja de esta opción ahora, después, o nunca. Pero siempre tendrás esta nueva opción."

Esto significa que no hay rechazo ni presión. Le damos a nuestros prospectos una opción.

Listo.

Nuestros parientes y amistades cercanas nos conocen bien. Ellos instantáneamente detectan nuestra intención.

Qué decirle a los familiares y amistades cercanas.

Tenemos afinidad y confianza con estas personas. Ellos tienen experiencias con nosotros. Sin embargo, nos sentiremos avergonzados si piensan que sólo tratamos de sacarles dinero. Tener la intención de "ofrecer opciones" nos ayudará a evitar eso.

Aún así, podríamos sentirnos con dudas de aproximarnos con todos los que conocemos. Y algunas personas son intimidantes. No tenemos idea de cómo aproximarnos con ellos sin ser rechazados.

Para resolver esto, usaremos la fórmula cómodo/incómodo. Esto nos permite decirles que tenemos una oportunidad, pero les da una vía de escape para que no se sientan acorralados. Aquí está en acción.

"Mary, me siento perfectamente cómodo con tu decisión de revisar mi negocio o no. Pero me incomodaba no preguntarte si querías revisarlo, y hacerte pensar que no me importaba."

¿Cómo se siente Mary cuando escucha esta invitación para conocer sobre nuestro negocio? Si tiene interés, se siente honrada por que quisimos hablar con ella de inmediato. Y si no siente interés, le dijimos que está bien si no quiere dar un vistazo a nuestro negocio. No se siente mal. No pusimos en riesgo nuestra amistad, así que no nos sentimos culpables. Y con esta fórmula, podemos aproximarnos con todos.

Vamos a ver otro ejemplo.

"David, estaré escuchando una presentación online de negocio hoy en la noche. Es sobre un negocio en el que tú también puedes participar. Me siento cómodo si quieres escuchar esta noche o no. No hay problema. No sé qué tengas en tus planes de hoy. Pero me siento incómodo no dejando que te enteres sobre este negocio."

¿Cómo se siente David? Bien. Tiene opciones. No lo juzgamos a él ni a nuestra amistad basados en la opción que tome.

¿Otro ejemplo?

"Hola, Laura. Me cansé de tener que trabajar en dos empleos para ganar dinero extra, así que comencé un negocio parcial desde mi casa. Pensé que podría ser interesante para ti también. Estoy cómodo si quieres darle un vistazo o no. Pero me siento incómodo no dejando que te enteres sobre él."

Con ésta técnica cómodo/incómodo, sólo tomamos a los voluntarios.

Los voluntarios están listos para la acción. Si usamos presión para conseguir una cita, ¿qué indica eso? Ya sea que nuestros prospectos están escépticos de nuestro acercamiento, o no es el momento correcto para ellos. Ambas situaciones desperdiciarán el tiempo de ambos y harán que todos se sientan mal. Pero si usamos esta técnica para ir al punto rápidamente, podemos separar a quienes están interesados de quienes no lo están y aún así mantener nuestras amistades.

Podemos hacer el mismo tipo de invitación para nuestros clientes. Aquí hay un ejemplo rápido.

"Hey, Peter. Ambos nos estamos haciendo viejos y no tenemos la misma energía que cuando teníamos 16. Así que estoy tomando una bebida especial como desayuno que me ayuda a sentirme joven, para seguir el ritmo de mis hijos. Estoy bien si quieres probar esta bebida o no, pero por lo menos quería dejarte saber lo que estoy haciendo. No quería que sintieras como que no pensaría en ti de inmediato."

Como podemos ver, si no nos gusta usar cómodo/incómodo, podemos hacer ajustes. En este caso usamos la palabra "bien" en su lugar, pero obtenemos la idea general.

¿Segundo grupo? Personas que conocemos que no son parientes o amigos cercanos.

Puede que no tengamos afinidad con estas personas. Así que tendremos que hacer un poco más de trabajo para conectar con ellos.

Estas personas querrán una buena razón para reunirse con nosotros. Y esto significa que querrán protegerse contra vendedores y presentaciones que les roban tiempo.

Tenemos dos maneras de hacer que se interesen en reunirse con nosotros.

Primera manera: Podemos decirles que tenemos beneficios maravillosos.

Vamos a nombrar algunos de esos beneficios ahora:

- Sentirse más jóvenes.
- Vivir más tiempo.
- Ayudar al sistema inmune de sus hijos.
- Menos visitas al médico.
- Un segundo ingreso para pagar sus cuentas.
- Una oportunidad de trabajar desde su casa en lugar de ir a la oficina.

Simplemente podríamos preguntarles si alguno de estos beneficios les interesa. Por ejemplo, "¿Te gustaría tener energía toda la tarde en lugar de bostezar todo el tiempo?"

No les tomará mucho para decir, "Seguro. Hay que hablar."

O, podrían decir, "No, gracias. Me siento mejor cuando sufro y lucho toda la tarde. Por favor no me ayudes."

¿Por qué querrían sufrir y evitar una solución de nuestra parte? No sabemos. Pero aquí hay algunas razones por las que no querrían continuar esta conversación.

- Tuvieron una mala experiencia con un vendedor que los presionó la semana pasada.
- Nos parecemos a su ex-novio o ex-novia. No hay nada que podamos hacer ahí.
- Dijimos las palabras incorrectas.
- Piensan que la salud proviene de tomar soda dietética.
- Sus mentes están en algo más en ese momento.
- Tenemos mal aliento.

Así que no te preocupes. Es la vida. Algunos quieren mejorar sus vidas, otros no.

Las buenas noticias son que esta decisión se termina en segundos. Y debido a que les dimos una opción, nadie sale ofendido.

Segunda manera: Podemos dejarles saber que tal vez tenemos una solución para sus problemas.

Esto es aún más poderoso. Nos preocupamos por nuestros problemas todo el tiempo. Aquí hay algunos problemas que podrían tener:

- Baja energía.
- Sistema inmunológico comprometido.
- A sus hijos no les gusta comer saludablemente.
- Envejecimiento.
- Pocos ahorros para el retiro.
- Un viaje al trabajo que consume demasiado tiempo.
- Un jefe terrible o una carrera que está drenando su alma.

En este caso nuestra conversación se vería como algo así:

Nosotros: "¿Tienes (este problema)? ¿Estaría bien si pudiéramos solucionarlo?"

Aquí tienes algunos breves ejemplos:

Nosotros: "¿Detestas trabajar aquí en el centro comercial los sábados?"

Prospecto: "Por supuesto."

Eso estuvo fácil. Aquí hay un segundo ejemplo.

Nosotros: "¿Estaría bien si tuvieras otra opción?"

Prospecto: "Seguro. ¿Cuándo podemos hablar?"

Eso fue fácil. Aquí hay un tercer ejemplo.

Nosotros: "¿Encuentras que envejecer realmente duele?

Prospecto: "¡Sí! Hacer cualquier cosa es más difícil también."

Nosotros: "¿Estaría bien si probáramos algunas maneras naturales para frenar el proceso de envejecimiento?"

Prospecto: "Seguro, ¿cuándo podemos platicar?"

¿Tercer grupo? Personas que no conocemos en absoluto.

Ahora, las conversaciones se ponen más difíciles con este grupo. Cuando entran en contacto con nosotros, están pensando:

- ¿Quién es esta persona?
- ¿Qué quiere esta persona?
- ¿Puedo confiar en esta persona?
- ¿Debería levantar mis filtros contra vendedores?
- ¿Es hora de ser escéptico?
- ¿Tengo que esconder mi billetera?
- Evitaré perder tiempo con una presentación de venta.

Estos pensamientos significan que no tenemos afinidad con este desconocido.

Pasaremos tiempo intentando obtener confianza y afinidad. Una vez que logremos esto, podemos avanzar a conseguir una cita. Sí, podría tomar dos o más encuentros con un desconocido para crear afinidad primero.

Algunas personas son constructores de confianza naturales. Pueden crear afinidad en segundos. ¿Otras personas? Tenemos que trabajar más duro para conectar con desconocidos.

Unas pocas palabras para inhabilitar el miedo de los desconocidos.

Aquí hay un rápido ejemplo de qué tan fácil puede ser ayudar a que los desconocidos se relajen y se sientan más cómodos.

Si nuestro desconocido levanta una barrera de defensas y desconfianza, nosotros podemos decir inmediatamente:

"Relájate, no tienes que hacer nada, y las cosas seguirán igual. Pero si quieres una manera para trabajar desde tu casa en lugar de conducir a la oficina, puedo compartir sobre una opción ahora."

Eso suena muy poco amenazante.

Después, vamos a aprender algunas pocas maneras de bajar nuestra propia ansiedad mientras hablamos con los prospectos.

CÓMO SOLUCIONAR "SENTIRNOS NERVIOSOS" CUANDO HABLAMOS CON PROSPECTOS.

No es nuestra presentación lo que nos pone nerviosos; es nuestra intención.

¿Nuestra intención es que firmen o que nos compren productos?

Bueno, eso se mostrará en todo lo que digamos o hagamos. Los prospectos pueden oler a los vendedores agresivos a un kilómetro.

¿Pero qué hay si sólo queremos ofrecer una **opción?** No nos importa si toman la opción o no, sólo nos importa que sepan que tienen una opción.

Luego neutralizamos nuestros sentimientos personales y aceptamos cualquiera que sea la decisión que nuestros prospectos tomen. Queremos lo que es mejor para ellos. Y, ¿después qué ocurre? Nuestros prospectos notarán nuestra nueva intención y se relajarán. Ahora nuestras conversaciones están libres de estrés.

Tal vez podemos comenzar diciendo, "¿Te gustaría escuchar una opción?"

Y si dicen "sí," entonces nuestra conversación será fácil y amistosa.

Una opción significa, "Está bien si sacas ventaja de esto o no. Nadie te va a presionar de ninguna manera." Esto se siente muy seguro para los prospectos. Ellos se relajan, y no tienen ninguna razón para rechazarnos.

Para evitar sentirnos nerviosos, simplemente recordemos la palabra "opción."

¡Pero se pone mejor!

Aquí están las mejores noticias en todo esto.

La mayoría de las personas ya quieren comprar lo que estamos ofreciendo, eso significa que no tenemos que vender.

No tenemos que vender. Si nuestros prospectos ya quieren lo que tenemos, todo lo que debemos de hacer es evitar disuadirlos con lo que decimos.

Si esto te parece difícil de creer, vamos a hacer una encuesta. Saldremos a la calle y preguntaremos a 50 personas. "¿Quieres vivir más tiempo, o morir pronto?" Casi todos quieren vivir más tiempo. Podrían sonreír con esta pregunta, pero definitivamente quieren vivir más tiempo y quieren comprar lo que tenemos.

Después, vamos a preguntarle a 50 personas, "¿Quieres más dinero en tu vida, o menos dinero?" La mayoría de las personas quiere más dinero. Quieren escuchar más sobre nuestra opción.

¡Vaya!

Así que éste es nuestro nuevo enfoque.

1. Los prospectos quieren lo que estamos ofreciendo.

2. No los presionamos ni tratamos de convencerlos.

3. En vez de eso, les damos la opción de nuestros productos y oportunidad.

4. Dejamos que decidan si este es un buen momento para decir "sí."

Eso no fue tan difícil, ¿verdad?

No más miedo al hablar con prospectos. Todo lo que hacemos es obsequiarles una opción más en sus vidas. Dar obsequios es divertido.

Ahora, vamos a continuar con los cuatro pasos de la conversación que usaremos cuando hablemos con nuestros prospectos. ¿Los recuerdas?

Paso #1: Afinidad.

Paso #2: Romper el hielo.

Paso #3: Cierre.

Paso #4: Presentación.

PASO #1: CONSTRUYE AFINIDAD PRIMERO.

Afinidad significa que nuestros prospectos nos creen y confían en nosotros. Si no es así, no comprarán ni se afiliarán.

La afinidad es diferente a las relaciones. Podemos crear confianza y creencia en unos pocos segundos. ¿Relaciones? Bueno, eso toma mucho más tiempo. No tenemos que preocuparnos sobre construir relaciones profundas ahora. Todo lo que tenemos que hacer es crear suficiente confianza y creencia para transmitir nuestro mensaje.

Esta decisión de confianza y creencia sólo toma unos segundos.

Los prospectos nos prejuzgan duramente en los primeros pocos segundos. Los seres humanos toman decisiones rápidas. ¿Por qué?

Hace miles de años, un cavernícola conocía a otro. Tenía que tomar una decisión rápidamente. ¿Este desconocido será amistoso? O… ¿este desconocido será peligroso? Si el cavernícola pasaba mucho tiempo pensando, podría haber sido fatal.

¿Qué hay de hoy en día? Cuando un desconocido entra por la puerta, nosotros instantáneamente juzgamos al extraño.

¿Estará bien si el extraño se sienta junto a mí? ¿Debería guardar mi billetera o mi bolso? ¿Por qué este desconocido trae puesta una máscara de hockey y lleva un hacha en la mano? Sí, todavía tomamos decisiones basados en unos pocos segundos de información.

Nuestro primer reto en redes de mercadeo es construir buena afinidad con nuestros prospectos.

Pero primero, algunas buenas noticias. Ya tenemos afinidad con la mayoría de las personas que conocemos. A menos que hayamos robado su auto o los hayamos despedido, la mayoría de las personas confiarán y creerán en lo que decimos.

Pero no tenemos afinidad con los desconocidos. Tenemos que ser conscientes con nuestros esfuerzos de construir afinidad con ellos, pero sólo toma unos pocos segundos.

Los primeros pocos segundos que invertimos en construir afinidad es la parte más importante de nuestra conversación. Debemos de tener afinidad antes de entregar nuestro mensaje.

¿Qué ocurre si no construimos afinidad? Nuestros prospectos pensarán:

- "¿Dóde está el truco?"
- "No te conozco."
- "Suenas como un vendedor. Tengo que tener cuidado."
- "¿Qué quieres de mí?"
- "Demasiado bueno para ser verdad."

Cuando nuestros prospectos tienen estos pensamientos, se protegen a sí mismos para crear objeciones y alejarnos. ¿Cómo suenan esas objeciones?

- "Tengo que platicar con mi esposa."
- "Estoy muy ocupado."
- "Necesito pensarlo."
- "No me gustan las ventas."
- "Estoy feliz con mi situación actual. No quiero ideas nuevas, por favor."

En sus marcas, listos, fuera.

¿Cómo construimos afinidad en los primeros segundos?

Al dejar que las personas sepan que pensamos igual que ellos. Los prospectos están más cómodos con personas que son más como ellos que con personas que son diferentes a ellos.

¿Cómo enfatizamos nuestras similitudes?

Al decirle a nuestros prospectos un hecho que ellos y nosotros creemos. Comenzar con un pequeño hecho que tengamos en común, nos ayuda a generar creencia y confianza.

Queremos tener una biblioteca de hechos de los cuales elegir y estar listos para cada situación con cualquier prospecto. Aquí hay algunas buenas líneas de apertura y hechos que podemos usar para productos de salud:

- La situación es muy estresante últimamente.
- Las mañanas son... difíciles.
- Todos queremos vivir más tiempo.
- Estaría bueno tener la energía que teníamos a los 16.
- Sería genial poder caer dormidos siete minutos después de que la cabeza toca la almohada.
- Tenemos que mantener sano a nuestro sistema inmune.

- Nuestros hijos están expuestos a muchos gérmenes tan pronto como entran a la escuela.
- Morir pronto no es conveniente. (Bueno, un poco de humor negro.)
- Uno de los primeros síntomas de una enfermedad cardíaca es la muerte súbita. (Está bien, tal vez llevamos el humor negro un poco lejos.)

Estos hechos son seguros. También introducen nuestro negocio en una conversación social. Esta es una manera genial tanto de estar de acuerdo con nuestros prospectos y avanzar con nuestra conversación. ¿Algunos hechos sobre nuestra oportunidad de negocio?

- Conducir al trabajo cada vez se hace más difícil.
- Nos gustaría pasar más tiempo con nuestra familia.
- Sería genial poder pagar nuestras vacaciones con efectivo en lugar de tarjetas de crédito.
- Dos cheques son mejores que uno.
- Es difícil conseguir un aumento de sueldo estos días.
- Todos desearíamos que los fines de semana fueran más largos.
- Soñamos con despedir al jefe.

Una buena manera de ver esto es la siguiente, comenzar estando de acuerdo son buenos modales. A las personas les agrada conversar con otros que piensan similar.

Hagámoslo aún mejor.

¿Cómo? Dos hechos son mejores que uno. Cuando le decimos a nuestros prospectos dos hechos verdaderos seguidos, sus cerebros dicen, "Puedo confiar en ti."

Ahora que tenemos la confianza de nuestros prospectos, será más fácil conversar sobre nuestro negocio. Aquí hay algunos ejemplos de cómo colocar dos hechos juntos.

- "Las cosas son muy caras ahora. Todos necesitamos más dinero."
- "Por supuesto que necesitamos buena nutrición. ¡Pero la mayoría de las bebidas saludables saben a pasto!"
- "Por supuesto que tenemos que tomar vitaminas, pero siempre nos estamos preguntando, '¿Funcionarán?'"
- "Los trabajos interfieren con nuestra semana. Sería bueno tener fines de semana de tres días para siempre."
- "Es difícil conseguir un aumento de sueldo este año. Pero, los precios siguen subiendo y subiendo."
- "Tener nuestro negocio propio suena genial. Sin embargo, tenemos que cuidarnos de no arriesgar demasiado."

Todo lo que estamos haciendo es asegurarle a nuestros prospectos que vemos el mundo de la misma forma que ellos. Esto los hace sentir más cómodos al conversar con nosotros.

¿Qué ocurre cuando comenzamos en desacuerdo?

Nuestros prospectos construyen un muro que impide que nuestro mensaje entre a su mente. No importa qué tan bueno sea nuestro mensaje u oferta, nuestros prospectos no nos escucharán.

Queremos que nuestros prospectos estén en un estado mental positivo y abierto. Entonces podemos entregar nuestro mensaje. Una vez que nuestro mensaje esté dentro de sus cabezas, podrán decidir si les servirá o no. Eso significa que no tenemos que usar técnicas de cierre que los presionen. Todo lo que debemos de hacer es entregar nuestro mensaje sin demasiado equipaje o prejuicio.

La decisión de confiar en nosotros o no, sucede rápidamente.

Debemos ser rápidos. Esos primeros pocos segundos hacen la diferencia. ¿Qué podemos hacer para incrementar nuestras probabilidades de crear afinidad?

Usar ciertas palabras y frases mágicas ayuda a que nuestros prospectos estén de acuerdo con nosotros. Vamos a comenzar con "La mayoría de las personas."

Aquí está lo que ocurre cuando decimos, "La mayoría de las personas."

Nuestros prospectos piensan:

"¿Soy parte de la mayoría de las personas, o soy parte de la minoría de las personas? Bueno, la mayoría de las personas son parte de la mayoría de las per-sonas, así que tengo que estar en ese grupo. Además, disfruto estar entre la mayoría de las personas. Es más seguro. Por eso prefiero comer en un restaurante con gente a comer en uno vacío. Por eso prefiero caminar en un callejón obscuro tarde en la noche con un grupo de personas en lugar de caminar solo."

Nota cómo se siente esto cuando decimos:

- "La mayoría de las personas detestan enfermarse."
- "La mayoría de las personas quieren darle a sus hijos la mejor nutrición antes de ir a la escuela."
- "La mayoría de las personas quiere ganar más dinero."
- "La mayoría de las personas preferiría trabajar desde sus casas."
- "La mayoría de las personas quiere mejorar sus vidas."

Al usar "La mayoría de las personas," nuestras frases facilitan que nuestros prospectos crean y confíen en nosotros. Pero ésta no es la única frase mágica que podemos usar. Vamos a ver la frase, "Todo el mundo sabe." ¿Algunos ejemplos?

- "Todo el mundo sabe que la salud es más importante que el dinero."
- "Todo el mundo sabe que será difícil recibir un aumento este año."
- "Todo el mundo sabe que los negocios desde casa pueden obtener deducciones de impuestos geniales."
- "Todo el mundo sabe que nuestros cuerpos están hechos de lo que comemos."
- "Todo el mundo sabe que si trabajamos duro, solo nuestro jefe tendrá una mansión después de jubilarse."
- "Todo el mundo sabe que no nos pagan lo que realmente valemos."
- "Todo el mundo sabe que la nutrición es el secreto de la buena salud."
- "Todo el mundo sabe que si no hacemos algo diferente ahora, mañana será una repetición de hoy."

O, podríamos usar la frase mágica, "Todo el mundo dice." Estas palabras tienen el mismo efecto que "Todo el mundo sabe." Nuestros prospectos querrán estar de acuerdo con lo que decimos. Es más fácil tomar el camino de menor resistencia.

Una palabra sobre sonreír.

¡Funciona!

Nuestra tendencia natural es confiar en las personas que sonríen, y desconfiar de las personas que no sonríen. No hace falta un científico nuclear para darnos cuenta de que deberíamos de sonreír cuando conocemos personas nuevas.

Los bebés reaccionan a las sonrisas antes de que puedan hablar. Si sonreímos mientras vamos caminando por la calle, muchas personas sonreirán de regreso.

Si pensamos que ser extremadamente serios funciona, no tendremos muchos prospectos comprando ni uniéndose a nuestro negocio.

Recordemos, nuestros prospectos toman su decisión inicial de confiar y creer en nosotros en pocos segundos. Una sonrisa en nuestro rostro les ayuda a sentirse más cómodos con nosotros. Queremos hacer todo lo posible para mantener abierta la mente de nuestros prospectos para que escuchen nuestro grandioso mensaje. Y si no tenemos el hábito de sonreír, ¡ahora es un buen momento para practicar!

¿Los cumplidos funcionan?

Los cumplidos directos a veces suenan poco sinceros. Hacemos que nuestros prospectos se sientan incómodos. ¿Algunos ejemplos de cumplidos directos?

- "Hola, pero qué hogar tan hermoso."
- "Pareces un consumidor inteligente."
- "Te ves súper-súper bien el día de hoy."

Elogios como estos suenan demasiado obvios, y lucen superficiales.

¿Cuál es una mejor manera de dar un cumplido?

Enfocarnos en algo un poco menos obvio, y luego agregar una pregunta. Cuando agregamos una pregunta al finalizar nuestro elogio, nuestros prospectos no tienen que admitirlo y darnos las gracias. En lugar de eso, se enfocan en responder la pregunta. Esto es más cómodo para todos. ¿Algunos ejemplos?

- "Me gusta tu auto. ¿Cómo fue que te decidiste por ese modelo?"
- "Veo que te gusta comer sano. ¿Qué te motivó a comer bien cuando todo el mundo parece comer tanta chatarra?"
- "Tus niños son muy educados. ¿Cómo haces para que se porten tan bien?"

Sí, los cumplidos funcionan. Pero agregar una pregunta al final hace que todos se sientan mejor con ellos.

Vamos a continuar para introducir nuestro negocio a la conversación.

PASO #2: ROMPE EL HIELO.

¿Cuál es la definición de "romper el hielo"? Una frase corta que introduce nuestro negocio dentro de una conversación social de una manera socialmente aceptable.

No podemos mantener nuestro negocio en secreto para siempre. En algún punto debemos de dejar que nuestros prospectos se enteren sobre lo que estamos ofreciendo. Conocemos a muchos prospectos en situaciones sociales, y eso significa que debemos de ser cautelosos sobre cómo traemos el tema de nuestro negocio a las conversaciones.

¿Alguna vez te has sentido tan emocionado sobre tu negocio que olvidaste totalmente los sentimientos de tu prospecto? Queremos decirle a nuestros prospectos todo sobre nuestro negocio, pero, ¿ellos realmente quieren saberlo todo? Por supuesto que no. Aquí está lo que es socialmente aceptable y amable.

Darle a nuestros prospectos la opción de escuchar más, o cambiar el tema.

¿Alguna vez has estado en una situación donde alguien saltó a una presentación de ventas que no querías escuchar? Esa persona habló y habló por que estaba emocionado. Tú no lo estabas. Fue como si te torturara.

No queremos ser como esa persona.

En lugar de eso, nosotros rompemos el hielo para introducir nuestro negocio. Luego haremos una pausa, le daremos a nuestros prospectos una oportunidad de decir, "Dime más." O podrán cambiar el tema por que no están interesados. Es educado de nuestra parte dejar que decidan lo que quieren, y ser educados funciona.

¿Por qué esta pausa es tan importante? Por que los prospectos quieren opciones. Los prospectos tienen un tiempo limitado y demasiado en su mente. En el siguiente momento, nuestros prospectos tomarán una decisión. Ellos decidirán si quieren conocer más, o decidirán pasar al siguiente inciso en su lista de cosas por hacer.

Aquí está nuestra estrategia. Romperemos el hielo de una forma tan poderosa que nuestros prospectos nos suplicarán por más información.

Piensa en esto. Si nuestros prospectos nos suplican para saber más información, ¿qué decisión han tomado? Están decidiendo "sí." Significa que no tendremos jamás que hacer un cierre al final de nuestra conversación.

Nuestra frase para romper el hielo es tan importante para obtener esa decisión final de "sí." Y todo esto ocurre en los primeros pocos segundos de nuestra conversación. Los prospectos toman su decisión pronto y rápido, debido a que quieren continuar con sus vidas.

Primero la afinidad.

Nos tomamos el tiempo de construir afinidad. Ahora nuestros prospectos confían y creen en nosotros. Este es el momento perfecto para introducir nuestro negocio.

Pero, ¿le importamos a nuestros prospectos? No.

¿Les importa lo que tenemos para ofrecer? No.

A los prospectos les importan ellos mismos. El mundo gira en torno a ellos. Cuando introducimos nuestro negocio al romper el hielo, queremos enfocarnos en nuestros prospectos, no en nosotros y nuestro negocio.

Nuestras frases para romper el hielo sonarán egocéntricas y torpes si hablan sobre nosotros. ¿Algunos ejemplos de frases malas para romper el hielo?

Estamos en un funeral hablando con la viuda, decimos, "Siento mucho la muerte de tu esposo. ¿Pero ya te enteraste de que acabamos de presentar el único suplemento alimenticio con la ingesta diaria recomendada de Vitamina D?"

Un poco exagerado, pero entendemos el punto. Necesitamos prestar mucha atención a las situaciones de nuestros prospectos.

Considera este escenario. Estamos en una fiesta. Todos en la fiesta lucen como prospectos geniales para nuestro negocio. Disfrutan de la vida. Quieren estar sanos por mucho tiempo. Podrían usar un ingreso extra. No podemos esperar a hablar con ellos, ¿pero cómo iniciamos la conversación?

Nosotros: "¿Cómo te llamas?"

Prospectos: "Me llamo Carol."

Nosotros: "¡¿Carol?! Tu nombre comienza con la letra 'C.' Mi empresa comienza con la letra 'C.' Déjame decirte lo que hacemos."

Sí, esto luce muy forzado, por que sólo pensamos en nosotros. Nos olvidamos de enfocarnos en nuestro prospecto y sus necesidades.

¿Y notaste que no hicimos una pausa? Queríamos entrar directo a nuestra presentación. No le dimos a nuestros prospectos una oportunidad de no participar. Eso es muy grosero.

Ahora, vamos a mejorar nuestra técnica para romper el hielo.

Dominar la atención de nuestros prospectos.

Es fácil dominar la atención de alguien. Todo lo que tenemos que decir es, "Acabo de encontrar."

¿Qué es lo que la otra persona piensa? La otra persona podría preguntarse, "¿Qué acabas de encontrar? ¿Es algo que necesito saber? ¿Será importante para mí?"

Esas tres simples palabras, "Acabo de encontrar," capturan la atención de nuestros prospectos y también nos dan la oportunidad de introducir nuestro negocio. Aquí hay algunos ejemplos de cómo usar estas palabras para romper el hielo.

- "Acabo de encontrar cómo podemos sentirnos genial cada vez que nos despertamos."
- "Acabo de encontrar cómo podemos perder peso sin hacer dietas."
- "Acabo de encontrar cómo podemos ayudar a proteger a nuestros niños de todos los virus y bacterias en la escuela."
- "Acabo de encontrar cómo podemos obtener una súper nutrición, sin tener que comer pasto ni cosas extrañas."
- "Acabo de encontrar cómo podemos ganar un cheque extra."
- "Acabo de encontrar cómo podemos trabajar desde nuestra casa en lugar de conducir al trabajo."
- "Acabo de encontrar cómo podemos poner un negocio juntos, y hacerlo de tiempo parcial."

Casi podemos escuchar las respuestas afirmativas después de que usemos nuestras frases con "Acabo de encontrar." El cierre se siente automático. Y sabemos que nuestros prospectos quieren lo que ofrecemos cuando responden, "Dime más. ¿Cómo funciona eso?"

¿Por qué esto funciona tan bien?

1. No activamos ninguna alarma contra vendedores. Hicimos una declaración, y los prospectos pueden ofrecerse voluntariamente con su interés al pedirnos que les digamos más.

2. Nosotros sólo continuamos hablando con prospectos que están interesados. Ellos son los que nos piden una presentación. No hay presión de nuestra parte.

3. Este acercamiento está libre de rechazo al 100%. No hay nada que nos detenga al hablar con prospectos.

Se siente bien cuando no tenemos que presionar a nuestros prospectos, ¿no es así?

¿Quieres hacer que esto sea completamente seguro y fácil?

Todo lo que debemos de hacer es continuar la conversación en un tema diferente después de que anunciemos lo que "acabamos de encontrar." ¿Cómo suena esto?

- "Acabo de encontrar cómo podemos ganar un cheque extra. Si te gustaría saber cómo, me encantaría decirte. Mientras tanto, invitemos a tu primo a que nos acompañe a la fiesta de esta noche."
- "Acabo de encontrar cómo podemos empezar a rejuvenecer, en lugar de hacernos más viejos. Si te gustaría saber cómo, me gustaría decirte. Mientras tanto, vamos de compras."
- "Acabo de encontrar cómo podemos tener más energía que nuestros nietos. Mientras tanto, dime de dónde sacaste esta receta."

Debido a que continuamos la conversación en un tema diferente, nuestros prospectos no tienen que comentar acerca de nuestro anuncio. Pueden pedirnos más detalles si están interesados, o ignorar que rompimos el hielo si no están interesados.

Esto significa que sólo tendremos conversaciones sobre nuestro negocio con personas que quieren saber más.

¿Qué ocurre cuando tratamos de forzar una plática sobre nuestro negocio? Si nuestros prospectos no quieren saber más, tendrán miedo de decir, "Ya decidí que no estoy interesado. Y tomé esa decisión incluso antes de escuchar de qué se trata." Eso sonaría tonto. Entonces, ¿qué hacen? Inventan objeciones fantasma. Aquí hay algunos ejemplos de objeciones fantasma que usan para evitar que continuemos con una presentación.

- "No soy vendedor."
- "No tengo nada de tiempo."
- "Es pirámide."
- "No me gustan esas cosas."

Los prospectos usan esas objeciones para protegerse de presentaciones no solicitadas.

No tenemos que preocuparnos sobre estas objeciones nunca más. Nosotros sólo hablaremos con los voluntarios.

Romper el hielo es divertido.

Y es muy fácil de hacer. El primer paso es hacer una lista de nuestros beneficios. Queremos beneficios para nuestros productos y para nuestra oportunidad. Vamos a comenzar con una lista ahora mismo.

Beneficios de nuestros productos.

- Cómo vivir más tiempo.
- Perder peso naturalmente sin dietas.
- Construir un sistema inmune infalible.
- Caer dormidos después de 7 minutos de que la cabeza toca la almohada.

- Dejar de oxidarnos desde el interior.
- Tanta energía que se necesite un dardo tranquilizante para sentarnos.
- Despertar cada mañana sintiéndonos como millonarios.
- Vernos más jóvenes de adentro hacia afuera.
- Convertir nuestro cuerpo en una máquina de energía imparable.
- Sentirnos como de 16 años de nuevo, pero con mejor juicio.
- Nutrición genial para los amantes de la pizza que están hartos del alimento para conejos.
- Como la "Fuente de la Eterna Juventud" en una cápsula.

Beneficios para nuestra oportunidad.

- Nunca más regresar al trabajo.
- Trabajar desde casa en lugar de conducir todos los días.
- Jubilarnos 10 años antes con sueldo completo.
- Duplicar nuestra pensión en sólo nueve meses.
- Recibir dos cheques en lugar de uno.
- Despedir a nuestro jefe.
- Trabajar tres semanas al mes pero que nos paguen por cuatro.
- Tomar una semana de vacaciones cada mes.
- Tomar unas vacaciones de seis meses dos veces por año.
- Tener un ingreso mensual para pagar nuestros préstamos estudiantiles.
- Ganar más dinero a tiempo parcial que nuestro jefe a tiempo completo.
- Dejar que alguien más pague por nuestras vacaciones.

- Una oportunidad para enviarle a tu suegra una postal desde Bali.
- Pagar los regalos de Navidad en efectivo en lugar de con tarjeta de crédito.
- Mejor que trabajar 45 años como nuestros padres.

Estos son algunos beneficios para comenzar. Todo lo que debemos de hacer es comenzar a romper el hielo con las palabras, "Acabo de encontrar." Después, agregar un beneficio apropiado para nuestros prospectos.

Si rompemos el hielo y tenemos resonancia con nuestros prospectos, tomarán una decisión mental afirmativa y nos pedirán que les digamos más. Sin estrés. Sin vender. Sin errores sociales incómodos.

Si observamos con cuidado, podemos personalizar nuestro beneficio para ajustarlo a nuestro prospecto. Esto es lo que hacen los profesionales. Así que tomemos el tiempo de comprender a nuestro prospecto.

Por ejemplo, imagina que hablamos con un empleado de mostrador durante el fin de semana. Podríamos decir, "Acabo de encontrar cómo nunca más tener que trabajar los fines de semana." Esa podría ser una enorme motivación para este empleado de mostrador.

¿Otro ejemplo de cómo ser observadores?

Mientras conversamos con un jubilado podríamos decir, "Acabo de encontrar cómo podemos dejar que nuestro cuerpo se oxide de adentro hacia afuera." Nuestro prospecto querrá saber más.

O imaginemos que tenemos una conversación mientras hacemos fila para pagar en el supermercado. La otra persona trae un puño de cupones listos para poder ahorrar dinero en el pago. Fácil. Decimos, "Veo que te gusta ahorrar dinero. Acabo de encontrar cómo podemos ganar un cheque extra."

Nuestros prospectos toman decisiones rápidas basadas en las palabras que usamos. Es por eso que algunos empresarios de redes consiguen a todos los prospectos que necesitan, mientras que otros luchan. Cuando decimos las palabras equivocadas, nadie quiere ofrecerse voluntariamente. Así que en lugar de culpar a los prospectos por no tener motivación, deberíamos de cambiar las palabras que usamos.

Aquí hay una breve conversación que nos ayudará a recordar que tenemos influencia sobre el resultado cuando decimos mejores palabras.

Distribuidor: "Mis prospectos no estaban interesados."

Nosotros: "¿No estaban interesados en qué?"

Distribuidor: "No estaban interesados en lo que les dije."

Nosotros: "Entonces, deja de culpar a los prospectos... y cambia lo que dices."

Todo se acaba en cuestión de segundos.

En los primeros pocos segundos, nuestros prospectos nos juzgan y toman sus decisiones. Es por eso que debemos ser efectivos durante estos primeros segundos.

Así que en lugar de pasar horas practicando nuestra larga conversación, deberíamos memorizar beneficios geniales que despierten el interés de nuestros prospectos. Ahora nuestro trabajo no es convencer prospectos. Nuestro trabajo es mencionarles beneficios y permitir que los voluntarios se ofrezcan.

"¿Acabo de encontrar" es la única frase para comenzar a romper el hielo?

No.

Para mayor variedad, podemos usar muchas otras frases de apertura. Vamos a ver otra frase que introduce nuestro mensaje en una conversación social.

"¿Te gustaría saber más?"

Mencionamos un beneficio, y le preguntamos a nuestros prospectos si les gustaría saber más. Si les gustaría, estamos contentos de darles más detalles.

Esta prospección se basa en pedir permiso, y es muestra de buenos modales.

Ser educados reduce los rechazos. Queremos darle a nuestros prospectos una oportunidad de optar por no ser prospectados en nuestra conversación. A nadie nos gusta cuando un vendedor nos acorrala.

¿Cuáles son algunas frases que podríamos usar para hacer que nuestras conversaciones de prospección se faciliten?

- "¿Te gustaría saber más?"
- "¿Te gustaría saber cómo lo estoy haciendo?"

- "¿Te gustaría saber cómo lo lograron?"

¿Nuestro beneficio adicional por usar estas frases pronto en nuestras conversaciones?

Cuando los prospectos dicen que quieren saber más, toman una decisión de "sí."

Los prospectos saben si quieren algo o no.

A los humanos les encanta tomar decisiones de "sí" o "no" rápidamente. Luego, si la respuesta fue "sí," le damos la bienvenida a una presentación y a más información.

La mayoría de los problemas surgen cuando presionamos a los prospectos con nuestra presentación de ventas. Evita esta vergüenza con pequeñas preguntas, como:

- "¿Te gustaría saber más?"
- "¿Te gustaría saber cómo lo estoy haciendo?"
- "¿Te gustaría saber cómo lo lograron?"

"¿Por qué las personas detestan vender?"

Por que piensan que vender es como se ve en las películas. En Hollywood, un actor interpreta el papel de un vendedor agresivo y sin ética, que obliga a las personas a comprar en contra de su voluntad. Está bien, tal vez esto era lo que pasaba en los 70s, pero los 70s no regresarán.

¿El viejo modelo de ventas? Hacer llamadas en frío. Muchas llamadas. Lanzarle una presentación a cualquiera y a quien sea que escuche. Y, si podemos conseguir una cita, vomitar todo lo que sabemos sobre nuestra oportunidad y producto sobre el prospecto. ¡Vender, vender, vender!

Después de que sometimos a nuestros prospectos y tienen los ojos vidriosos, vamos por el cierre. Usamos cierres de prueba, usamos cierres duros, usamos cualquier cierre que pueda ridiculizar a nuestro prospecto para que compre. ¿Y si no compra de inmediato? Entonces, hacemos perseguimiento. Acosamos a nuestros prospectos hasta que compren o... mueran.

¿Eso suena divertido? Por supuesto que no. Nadie quiere vender de esa manera. Aún así, muchas personas hoy en día todavía usan esa forma de venta. Los prospectos no compran así de todas formas. Está fuera de sincronía con el proceso de compra. ¿Nos gustaría que nos vendieran de esa forma?

Esto explica nuestra renuencia a hacer llamadas, nuestro miedo a los prospectos, y por qué las personas no quieren unirse a nuestro negocio.

Aquí está la historia corta.

A los prospectos les gusta saber el panorama completo primero. Pueden decidir "sí" o "no" inmediatamente, basados en los programas que tengan en su mente en ese momento. Si la respuesta es "sí," entonces, y sólo entonces, deberíamos comenzar una presentación.

Si esto parece razonable, el que nuestros prospectos toman su decisión final dentro de los primeros 20 segundos, entonces estamos en sincronía con la forma en que a nuestros prospectos les gusta comprar naturalmente. No más presentaciones hasta que nuestros prospectos decidan que "sí."

¿Quieres un ejemplo de esta manera más humana de hablar con los prospectos usando "¿Te gustaría saber más?"

Distribuidor: "Le ayudo a las familias a recibir un cheque extra. ¿Te gustaría saber más?"

Prospecto: "Sí. Dime más."

Nuestro negocio se simplifica cuando no tenemos que forzar una venta con los prospectos. Esto se siente bien para ambos.

Unos ejemplos más.

Distribuidor: "Me siento como 25 años más joven. ¿Te gustaría saber cómo lo estoy haciendo?"

Prospecto: "Sí. Dime más."

Distribuidor: "Mis análisis de sangre regresaron al nivel normal en cuestión de 6 meses. ¿Te gustaría saber qué hice?"

Prospecto: "Sí. Dime más."

Ahora, ¿eso se siente cómodo para nuestros prospectos? ¿Cómodo para nosotros también? ¡Sí!

Distribuidor: "Mi vecino está bajando 6 kilos al mes, y todavía puede comer pizza. ¿Te gustaría saber cómo lo está haciendo?"

Prospecto: "Sí. Dime más."

Nadie se ofende por esta conversación. E incluso si estamos conversando con prospectos en frío, también les gustaría saber más detalles.

Distribuidor: "Estaré liquidando todas mis deudas de tarjetas para el final del año. ¿Te gustaría saber cómo lo estoy haciendo?"

Prospecto: "Sí. Dime más."

Distribuidor: "Mi amigo finalmente se deshizo de su empleo, y ahora está trabajando desde su casa. ¿Te gustaría saber cómo lo hizo?"

Prospecto: "Sí. Dime más."

Distribuidor: "Comencé un pequeño negocio de medio tiempo. Sólo me da el 20% de mi salario, pero significa que ya sólo tengo que trabajar cuatro días por semana. ¿Te gustaría saber cómo lo hice?"

Prospecto: "Sí. Dime más."

Podríamos usar esta técnica en donde sea. Eventos de referidos. Reuniones familiares. Conversaciones de ocio durante el coffee break en la oficina.

Esta es la manera más segura de introducir nuestro negocio con los prospectos. Cuando los prospectos se interesan por saber más, sienten una apertura mental y un positivismo sobre lo que diremos después.

¿Quieres ser un poco más profesional?

Sí, podemos adivinar qué beneficios le ayudarían a nuestros prospectos, pero hay una mejor manera.

Escuchar las pistas.

Permite que tus prospectos te digan exactamente cuáles problemas tienen en sus vidas. Todo lo que debemos de hacer es analizar estos problemas y encontrar el que podamos ayudarles a resolver.

¿El resultado? Luciremos como si leyéramos la mente.

1. Nuestro prospecto tiene un problema.

2. Tenemos una solución grandiosa.

3. Le permitimos a nuestro prospecto decidir si ahora es un buen momento para resolver su problema.

Un ejemplo.

Prospecto: "Odio el trayecto al trabajo todos los días. Me roba más de una hora de ida y de regreso."

Nosotros: "Mi amigo Ben dejó de ir a trabajar el año pasado. Ahora está trabajando desde su casa. ¿Te gustaría saber cómo lo hizo?"

Prospecto: "¡Dime más!"

O,

Prospecto: "Está muy difícil trabajar, desplazarte, y cuidar a la familia. Demasiado estrés todos los días."

Nosotros: "Acabo de encontrar cómo podemos reducir nuestro estrés naturalmente. Te gustaría saber cómo los demás lo están logrando?"

Prospecto: "¡Dime más!"

A veces, este negocio se siente tan fácil.

PASO #3: CIERRA.

Paso #1: Construimos afinidad. Nuestros prospectos confían y creen en nosotros.

Paso #2: Rompemos el hielo y creamos interés. Nuestros prospectos instantáneamente deciden si quieren estos beneficios o no.

Y al final del paso #2, si nuestros prospectos piden más detalles, quieren lo que tenemos para ofrecer.

¿El 100% de nuestros prospectos quiere inmediatamente lo que estamos ofreciendo? No. Quizá tuvieron una pelea con su esposo 30 minutos antes de hablar con nosotros. No podemos controlar las circunstancias de nuestros prospectos. Sin embargo, podemos controlar las palabras que decimos. Esto nos da nuestra mejor oportunidad de obtener un cliente o un nuevo distribuidor.

Una buena manera de ver los cierres es que ahora nuestros prospectos tienen una oportunidad de sacar ventaja de nuestro mensaje, o no. ¡Pero qué alivio! No tenemos que vernos como esos vendedores nefastos de las películas.

Al final del paso #2, nuestros prospectos tienen opciones. Podrían decir:

- "Eso suena genial. Hagámoslo. Dame los detalles ahora." (¡Sí!)
- "Eso suena genial. Tengo otros asuntos pendientes ahora mismo." (Esto no es para mí por lo pronto.)
- "¿Viste el partido anoche?" (No me interesa.)

No estamos a cargo de las vidas de nuestros prospectos. Ellos lo están. Ellos son los que tienen que vivir con sus decisiones y las subsecuentes consecuencias. Nosotros les entregamos un mensaje genial, el resto depende de ellos.

Algunos prospectos podrían decir, "No quiero cambiar. Déjame continuar con la vía rápida a una muerte temprana."

Es su decisión, no la nuestra. No todos toman decisiones sensibles para sus vidas. Probablemente también tienen otros problemas. No tenemos las credenciales psicológicas necesarias para tratar con todos sus problemas.

Recordemos, nuestro trabajo es entregar un mensaje grandioso. Es todo.

Entonces, ¿dejamos que el cierre simplemente... suceda?

Sí. Apreciamos la misma cortesía en nuestras vidas. Apreciamos la opción de que un vendedor respete nuestras decisiones.

Pero, ¿los prospectos no necesitan más información para decidir?

Las decisiones son primero. La información viene después.

Los prospectos no necesitan información si ya decidieron "no." Eso los haría desperdiciar su tiempo y el nuestro.

¿Cuánto tiempo les tomará a los prospectos decidir si quieren mejorar su salud o no?

Segundos.

¿Cuánto tiempo les tomará a los prospectos decidir si quieren ganar un cheque extra o no?

Segundos.

Si nuestros prospectos deciden "sí," entonces podemos avanzar y darles la información que quieran.

¿Sueña extraño? Aquí hay un ejemplo.

Al final de una reunión, le decimos a los asistentes, "Levanta la mano, ¿quién quiere venir conmigo por una pizza saliendo?" La mayoría de los asistentes tomará una decisión instantánea de "sí" o "no." Tal vez la mitad de los asistentes levanta la mano.

Decisión tomada.

La decisión de ir por pizza llegó **antes** de decirles dónde está el restaurante, qué ingredientes tienen disponibles, cuánta grasa saturada hay por rebanada, etc. Algunos de los asistentes que levantaron sus manos tendrán algunas dudas sobre esto. Otros asistentes no pueden esperar a ir por esa pizza.

Es el mismo proceso con nuestros prospectos. La simple decisión de estar más sanos, o tener más ingreso cada mes, toma como un segundo.

Le pedimos a nuestros prospectos que decidan si quieren nuestros beneficios o no. Los detalles pueden llegar después.

Sin presión.

Nosotros efectivamente le damos a nuestros prospectos un plan de escape. No se sienten atrapados con un vendedor con un solo propósito en mente. Los prospectos se relajan cuando sienten que están a cargo de sus decisiones, y que no estamos ahí para discutir con ellos.

Cuando nuestros prospectos deciden "sí," ¿cómo avanzamos? ¿Cómo nos aseguramos de que ahora es el momento correcto de proceder con seguridad?

Si nos sentimos tímidos sobre el cierre, o si queremos obtener permiso para continuar, aquí hay algunas frases que podrían sentirse cómodas:

- "Vamos a arreglar eso."
- "Solucionemos eso ahora."

Estas frases hacen fácil que nuestros prospectos salgan adelante con nosotros… ahora.

¿Cómo usaremos esas frases? Aquí hay un ejemplo.

Nosotros: "Acabo de encontrar cómo podemos tener energía todo el día."

Prospecto: "¡Eso suena genial! Eso es algo que yo necesito."

Nosotros: "Arreglemos eso ahora."

Prospecto: "Oh, ¿a qué te refieres?"

Nosotros: "Toma estas cápsulas de super-vitaminas dos veces al día. Avísame cuándo te gustaría comenzar a tener más energía, y lo solucionaré."

Prospecto: "Oh. Buena idea."

Cuando los prospectos quieren lo que tenemos, la conversación es divertida.

¿Todas las conversaciones serán fáciles? No.

Hay muchas razones de por qué un prospecto no estaría interesado en hablar con nosotros ahora mismo. Tal vez:

- Están ocupados.
- No quieren lo que ofrecemos.
- Sus intereses están en otro lado el día de hoy.
- Están pasando un mal día.

Seamos educados. Dejemos que nuestros prospectos tengan una oportunidad de decir "no" y ahorremos el tiempo de todos.

¿Y eso es todo?

Sí.

Corto. Simple. Listo.

OBSERVA QUÉ TAN FÁCIL PUEDE SER ESTO.

Nam Do vende café saludable. Como profesional en redes de mercadeo, él tiene varias frases geniales para romper el hielo. Aquí está sólo una. Esto es todo lo que necesita decir:

1. "¿Tomas café?"

2. "¿Estaría bien si tu café te ayudara a estar más sano?"

3. "Vamos a pedirte un poco ahora."

Listo.

No se puede hacer esa decisión más fácil para los prospectos.

Pero escucha esto. Nam también dice:

"Entrenar a los nuevos miembros del equipo es fácil. Si ellos pueden memorizar estas tres frases y tomar a los voluntarios, pueden tener un ingreso de medio tiempo genial."

Qué gran forma de comenzar con los nuevos miembros del equipo. Ahora pueden ganar dinero mientras aprenden las habilidades para mejorar en su negocio.

¿Otro ejemplo?

1. "¿Te sientes estresado?"

2. "¿Estaría bien si pudieras reducir tus niveles de estrés sin romper platos?"

Nuestros prospectos podrían sonreír y decir, "¡Sí! ¡Lo quiero ya!"

Revisemos.

Nuestra conversación tiene una frase genial para romper el hielo. No es agresiva. Fácilmente introduce nuestro negocio a una conversación social.

Luego, nuestra frase para romper el hielo también hace un cierre con nuestro prospecto con, "¿Estaría bien si...?"

Sin presionar. Sólo necesitas una respuesta de "sí" o "no."

Si la respuesta es "sí," entonces podríamos poner su decisión en acción diciendo, "Vamos a solucionar eso ahora."

Los prospectos prefieren decisiones simples. No tienen tiempo para analizar planes de compensación confusos, considerar diez opciones diferentes, y revisar datos estadísticos de la industria. Las presentaciones largas pueden ser interesantes para algunas pocas personas, pero la mayoría quiere opciones claras y rápidas. Luego pueden continuar con sus vidas.

Si los prospectos prefieren algo simple, nosotros deberíamos entregarles algo simple. Si necesitan más información en algún área, con gusto la pedirán.

Lo corto siempre es mejor que lo largo.

¿Quieres agregar un poco más a esta breve conversación?

Prueba diciendo esto:

***

"¿Cuando comes, normalmente comes comida chatarra, o tratas de comer sanamente cuando puedes?"

"Entonces te va a encantar esto"

"¿Te gustaría sentirte aún mejor cada día?"

"¿Estaría bien si pruebas esto por 30 días y ves qué tan genial te puedes sentir?"

"Vamos a arreglar eso ahora."

***

No nos toma mucho tiempo memorizar estas cinco frases.

Veamos qué es lo que está ocurriendo, frase por frase.

"¿Cuando comes, normalmente comes comida chatarra, o tratas de comer sanamente cuando puedes?"

La primera frase compromete a nuestros prospectos a mejorar su salud. La mayoría de los prospectos no quiere tener una salud pobre. Una vez que los prospectos hacen un compromiso verbal hacia mejorar su salud, quieren ser consistentes. Nadie quiere decir después, "No. Cambié de opinión. Quiero una mala salud."

Una vez que nuestros prospectos hacen un compromiso para mejorar su salud, ganamos.

Si no obtenemos este compromiso, aquí está lo que puede pasar. Al final de nuestra conversación, nuestros prospectos podrían decir, "No. No pienso así. No estoy tan interesado en mi nutrición ahora."

Al final de nuestra primera frase, deberíamos saber si tendremos un cliente o no.

Aquí está lo que es aún mejor. Esta frase es totalmente segura. ¡Cualquier miembro nuevo del equipo se sentirá cómodo haciendo esa pregunta varias veces por día!

Qué manera tan genial de prospectar clientes nuevos sin rechazo.

"Entonces te va a encantar esto."

Aquí está lo que sucede cuando decimos, "Entonces te va a encantar esto." Nuestros prospectos toman un estado de ánimo positivo. De una manera, les ordenamos que amen lo que vamos a decir después. ¿Qué tan bueno está eso?

"¿Te gustaría sentirte aún mejor cada día?"

Por supuesto que nuestros prospectos dirán, "Sí." Pero piensa en esto desde el punto de vista de los nuevos miembros de nuestro equipo. Conseguir respuestas positivas de sus prospectos les da confianza. Cuando se sienten bien, se nota. A las personas les gusta hacer negocio con personas que tienen confianza en lo que hacen.

"¿Estaría bien si pruebas esto por 30 días y ves qué tan genial te puedes sentir?"

Otra respuesta "sí" de nuestros prospectos. No sólo los miembros de nuestro equipo tienen aún más confianza, también cierran a su prospecto inmediatamente. Sus prospectos ya se han comprometido a mejorar su salud desde la primera pregunta. No más estrés. La decisión se ha tomado.

"Vamos a arreglar eso ahora."

Esto mueve la balanza y pone a todos en acción ahora. Estas palabras suenan seguras. La mayoría de nuestros prospectos siguen nuestra sugerencia para mejorar su salud ahora.

Usar frases probadas hace que construir nuestro negocio sea rápido y fácil.

El profesional de redes de mercadeo Eugene Hong, es un maestro con estas cortas frases probadas que hacen que los prospectos digan rápidamente "sí." Con unas pocas palabras él consigue que los prospectos se interesen, califiquen, digan "sí" con la cabeza, y cierren. Eugene tiene bastantes frases que puedes usar para transformar a los escépticos en fans, pero eso llega con el tiempo.

Compara sus habilidades con los nuevos distribuidores. Ellos hablan al azar y tienen la esperanza de que los prospectos descifren las cosas por su cuenta. Este es un plan muy malo. Los prospectos no tienen tiempo para que no seamos profesionales.

Deberíamos de ser como Eugene. Ir al punto y hacerlo tan claro, que los prospectos no puedan sino decir "sí" inmediatamente.

PASO #4: PRESENTACIÓN.

Nuestros prospectos aman lo que hemos dicho hasta este momento y responden, "Suena muy bien. Pero necesito saber más."

Ahora es el momento para nuestra presentación. La decisión se ha tomado. Ahora es cuestión de los detalles. ¿Pero qué tantos detalles?

Escuchemos más de cerca lo que dijeron exactamente nuestros prospectos. Ellos dijeron, "Necesito saber más." No dijeron, "Por favor cuéntame todo lo que sabes sobre tu negocio."

Es momento de ser educados. No queremos decirle a las personas más de lo que quieren saber. Es muy rudo, una pérdida de su tiempo, y podemos disuadirlos de la decisión que tomaron.

Más personas pierden la venta por hablar demasiado que por escuchar demasiado. Es mejor decir muy poco a decir mucho. Si decimos muy poco, siempre nos pueden preguntar más cosas.

En el pasado, los vendedores creían que las presentaciones de ventas eran las que convencían a los prospectos a tomar decisiones. Había demasiada presión para crear elaboradas presentaciones de venta con gráficos, videos, diapositivas de PowerPoint, y pruebas interminables llenas de testimonios.

Ahora, sabemos que esto está equivocado. Las decisiones ocurren antes de que la presentación comience.

No necesitamos una presentación de ventas para convencer a los prospectos de que quieran algo que ya quieren. Eso significa que no tenemos ninguna presión, ni nuestros prospectos. Ahora nuestras presentaciones pueden ser conversaciones relajadas donde respondemos las preguntas de nuestros prospectos y les ayudamos a comprender los detalles.

Para algunos prospectos, todo lo que podrían querer saber es el nombre de la compañía. Otros, tal vez quieran saber cada detalle sobre nuestro negocio. No todos querrán la misma cantidad de información.

¿Y cómo sabemos cuánta información quieren nuestros prospectos?

Aquí hay algunas posibilidades.

- Micro-presentación. Demos una micro-presentación de tres o cuatro frases que resuma la imagen completa. Luego, esperemos a que nuestros prospectos pidan más detalles.
- Demos una presentación de un minuto. Luego, esperemos a que nuestros prospectos nos pregunten más detalles.
- Contemos una historia de dos minutos. Luego, esperemos a que nuestros prospectos nos pregunten más detalles.
- Preguntemos a un prospecto individual, "¿Qué te gustaría saber primero?" Después, continuemos respondiendo las preguntas que surgen.

Nota que ninguna de las opciones de arriba incluye, "Dile a tus prospectos todo lo que sabes. Lee la presentación de Power-Point como si fuesen analfabetos. Aburre a los prospectos con videos corporativos unitalla. Y ordénale a los prospectos que se sienten en silencio y ahorren sus preguntas hasta el final, mientras les hablamos sobre nuestra maravillosa compañía y productos."

Cuando comenzamos con nuestro negocio, no hemos aprendido muchas técnicas para hacer presentaciones. No sabemos mucho sobre nuestro negocio. Nuestra confianza puede que no esté en niveles altos. En ese caso, recurriremos a una presentación predeterminada que tiene una menor oportunidad de éxito.

Eso sería enviar a nuestros prospectos a una página web o a que vean un video corporativo. Con la esperanza de que nuestros prospectos se emocionen mágicamente, y regresen suplicándonos unirse. Podría ocurrir, pero no muy a menudo. Cuando comenzamos, ésta podría ser nuestra única opción.

Podemos mejorar.

¿Por qué deberíamos de mejorar nuestras habilidades? Para que podamos tratar a nuestros prospectos como personas, no sólo número que arrojamos a un guión de ventas preenvasado. Queremos honrar a nuestros prospectos como personas reales con necesidades reales. Este es el poder de las redes de mercadeo y la recomendación de persona a persona.

Si todo lo que tomara fuese enviar millones de mensajes para mirar un video, nuestras compañías no nos necesitarían.

Podrían hacer eso por su cuenta. Nuestras conexiones persona a persona nos dan una enorme ventaja sobre la publicidad corporativa.

¿Qué presentación crees que es más productiva?

1. Nuestra madre mira un comercial en línea para comprar vitaminas. O,

2. Nosotros personalmente le pedimos a nuestra madre que compre nuestras vitaminas.

¿Qué ofrecimiento tiene más peso? El segundo, claro. Las corporaciones grandes desearían tener la ventaja personal que nosotros tenemos.

Tan pronto como sea posible, necesitamos aprender algún tipo de presentación efectiva. Así que vamos a comenzar con una micro-presentación pequeña de tres o cuatro frases que les entregue a nuestros prospectos la imagen completa. Esto podría ser todo lo que necesiten. O si quisieran saber más, podrían hacer más preguntas basados en lo que les acabamos de presentar.

Micro-presentaciones (la perspectiva completa).

Esta una manera muy fácil de comenzar.

Dar una micro-presentación de tres o cuatro frases que resume la perspectiva completa para nuestros prospectos. Una vez que escuchan la idea completa, tienen algunas opciones.

1. "Es todo lo que necesitaba saber. Vamos a comenzar."

2. "¿Me podrías decir un poco más?"

3. "Me gustaría ver una larga y formal presentación."

Seguimos la ruta que nuestros prospectos quieran. Nada complicado. Ellos aprecian que estemos ahí para ayudarles.

Aquí está un ejemplo de una micro-presentación de oportunidad de negocio si vendemos productos para la salud.

"Nosotros no vendemos. Todo mundo ya decidió que quiere estar sano y vivir más tiempo. Nosotros solamente les ofrecemos un producto genial que les ayuda. La mayoría ordena nuestro producto y nos pagan por eso."

Ese es un mensaje claro. Nuestros prospectos "captan" sin tener que escuchar mucha pelusa o sensacionalismo. ¿Nuestros prospectos apreciarán esta imagen de la idea completa? ¡Sí! Por que ahora hacemos una pausa.

Esta pausa le permite a los prospectos preguntar por información adicional o que expliquemos algo que dijimos. No hay nada peor que los prospectos tengan preguntas pero no haya oportunidad de hacerlas. Eso produce tensión innecesaria en nuestros prospectos. Nosotros odiamos cuando los vendedores dan un monólogo sin pausa. Nos sentimos frustrados debido a que queremos hacer una pregunta. No queremos ser uno de esos vendedores que no para de hablar.

Veamos esta micro-presentación para nuestros productos.

"La personas quieren sentirse mejor. Ellos aman cómo esta bebida saludable los hace sentir genial. Les gusta tanto, que la mayoría le dice a sus amigos."

Ahora nuestros prospectos están pensando, "Debería decirle a mis amigos que hablen contigo también. Se sienten cansados y también quieren sentirse bien."

Buen consejo: Es más fácil conseguir referidos al incluir la última frase, "La mayoría le dice a sus amigos."

Dos ejemplos más.

"Las personas pueden estresarse y preocuparse por obtener toda la nutrición que necesitan diariamente o tomar nuestra bebida de nutrición natural que se los garantiza. No sólo te ayuda a dormir mejor por la noche, sino que te sentirás genial durante el día también."

"Mantén a tu familia saludable. Deja que tus amigos y vecinos hagan lo mismo. Recibe un cheque cada mes por dejar que los demás se beneficien también."

No hay nada de miedo sobre estas presentaciones. Y no toma mucho tiempo aprenderlas.

¿Podemos usar esto para nuestra oportunidad de negocio?

Sí. Las micro-presentaciones anteriores demostraron que nuestra presentación de negocio inicial no tiene que ser complicada.

No tenemos que explicar cada detalle. Todo lo que hacemos es entregar la imagen completa. Nuestro prospecto puede decidir qué parte de la imagen quiere explorar más. O, podrían apreciar que nuestra imagen completa fue directo al punto, y se sienten cómodos.

CÓMO CONSTRUIR RÁPIDAMENTE TU NEGOCIO DE NUTRICIÓN EN REDES DE MERCADEO

Si queremos, podemos agregar algunas frases extras, pero siempre manteniendo nuestras micro-presentaciones breves. Aquí hay algunos ejemplos.

"Te sentirás genial. Deja que tus vecinos se sientan bien también. Te amarán. Ganarás dinero cada vez que hagan un pedido."

"Sé un héroe. Deja que tus amigos y vecinos sepan que ellos también pueden frenar el proceso de envejecimiento cuidando mejor su salud. Recibe un cheque por ayudarlos."

"¿Quieres tu propio negocio de tiempo parcial ayudando a otras personas a estar más sanas? Siéntete bien al hacer una diferencia. Construye tu negocio hasta llegar a un ingreso de tiempo completo."

"¿Quieres una carrera ayudando a las personas a tener una vida mejor? Siéntete bien todos los días cuando ayudes a otros a vivir más tiempo. Entre más personas ayudes, más ganarás."

"¿Tienes grandes sueños? Construye un negocio de medio tiempo que ayude a tus amigos y vecinos a estar más sanos. Entre más grande sea tu red, más grande tu cheque."

"Todo mundo quiere opciones para poder vivir más sanos y durante más tiempo. Sigue dándole a las personas la oportunidad de decidir, y podrás reemplazar tu ingreso de tiempo completo. No más desplazamientos."

Obviamente éstas son versiones abreviadas para nuestra oportunidad. Este vistazo de la idea completa le permite a nuestros prospectos relajarse y sentirse cómodos con nuestro ofrecimiento. Habrá bastante tiempo para hablar sobre la historia de la compañía y los detalles finos del plan de compensación después de que nuestros prospectos se relajen.

Cuando somos claros sobre la idea completa, el escepticismo se elimina. Presentamos los hechos como una opción para la vida de nuestros prospectos. Nuestros prospectos pueden tomar sus decisiones.

¿Este breve vistazo será suficiente para la mayoría de los prospectos? Probablemente no. Pero sí los relaja y les ayuda a saber qué preguntas quieren hacer. Es mucho mejor estar en una conversación que en una aburrida presentación de ventas.

Demos un salto y hagamos una presentación corta un poco más estructurada.

LA PRESENTACIÓN DE UN MINUTO.

Haz una presentación de 30 minutos, y escucharás objeciones como:

- "Necesito pensarlo."
- "No podría hacer esto. Memorizar esta presentación sería imposible."
- "¿Puedo resolverte más tarde? Necesito hacer otra cosa ahora."
- "No tengo nada de tiempo ahora. No puedo tomar otro proyecto."
- "No tengo amigos. Casi nunca salgo."
- "Siento que hay que ser vendedor. Esto no es para mí."
- "No sé cómo hacer esto. No sería bueno haciéndolo."
- "Mi esposa y yo no hacemos este tipo de negocios."

¿Estas son objeciones reales? No.

Nuestros prospectos están siendo amables y diciéndonos "no" sin rechazarnos personalmente.

¿Qué salió mal? Nuestros prospectos no pueden verse a ellos mismos hablando con sus amigos y parientes como nosotros lo hicimos con ellos. Esto es una pista. Deberíamos presentarle a nuestros prospectos de una manera que se sienta más cómoda para ellos.

Consiguiendo más citas.

La presentación de un minuto hace más fácil conseguir citas. No tenemos que llamar a alguien y pedirle que nos de 30 minutos o una hora de su tiempo. En lugar de eso, pedimos permiso para hacer una breve presentación de un minuto. Para nuestros prospectos, es más fácil darnos permiso que tratar de evitarnos.

Todo lo que necesitamos recordar son dos frases. Aquí están:

1. "Puedo darte una presentación completa, pero tomaría un minuto entero."

2. "¿Cuando puedes apartar un minuto?"

¿Qué es lo que dirá la mayoría de las personas? "Continúa. Tengo curiosidad sobre esto. Dímelo ahora."

Nuestros prospectos estarán escuchando. No estaremos luchando a través de sus filtros de ventas o alarmas contra vendedores. Estarán esperando con ansias nuestra explicación de un minuto.

Podríamos usar estas dos frases por teléfono. Algunas veces nuestros prospectos no quieren invertir 30 minutos o una hora en una reunión. Quieren la perspectiva completa ahora mismo. ¿Por qué? Por que valoran su tiempo.

Para proteger su tiempo, buscan algo que no quieren. Eso significa que pueden salir de la conversación de inmediato. No tienen que invertir tiempo valioso en escuchar detalles sobre algo que no encaja bien con ellos.

Cuando entregamos la imagen completa a estos prospectos escépticos, se sienten bien. Debido a que no les ocultamos información, no reaccionan con escepticismo y resistencia. Ahora tienen una mente más abierta.

Se pone mejor.

Nuestra "perspectiva completa" es más estructurada con una presentación de un minuto. Queremos responder las tres preguntas más importantes de nuestros prospectos:

1. "¿En qué clase de negocio estás?"

2. "¿Cuánto dinero puedo ganar?"

3. "¿Qué tengo que hacer exactamente para ganar ese dinero?"

No nos tomará mucho tiempo responder estas tres preguntas.

Si respondemos estas tres preguntas claramente, nuestros prospectos podrán decirnos:

1. "Sí, quiero unirme."

2. "No, no quiero unirme."

3. "Tengo una pregunta o dos."

Aquí está un rápido ejemplo genérico de una presentación de un minuto que toma menos de 15 segundos.

"Puedes convertirte en doble de acción para películas. Puedes ganar $100,000 dólares al año. Y todo lo que tienes que hacer es arriesgar tu vida conduciendo como maniaco frente a las cámaras."

Nuestros prospectos recibieron las respuestas a sus tres preguntas básicas:

1. "¿En qué clase de negocio estás?" (Puedes convertirte en doble de acción para películas.)

2. "¿Cuánto dinero puedo ganar?" (Puedes ganar $100,000 dólares al año.)

3. "¿Qué tengo que hacer exactamente para ganar ese dinero?" (Y todo lo que tienes que hacer es arriesgar tu vida conduciendo como maniaco frente a las cámaras.)

Claro y simple. Presentamos lo suficiente para que la mayoría de las personas pueda tomar una decisión. Veamos cómo podríamos responder estas tres preguntas para nuestro negocio de salud y nutrición.

Pregunta #1:
"¿En qué clase de negocio estás?"

Este no es buen momento para divagar o tratar de sonar impresionantes. Este es un genial momento para ser claros e ir al punto. Queremos que nuestros prospectos comprendan.

Nuestros prospectos no quieren saber los detalles finos de nuestro negocio todavía. Primero quieren saber qué tipo de negocio es. ¿Por qué? Por que nadie se unirá a un negocio si no saben qué tipo de negocio es. O tal vez el prospecto tenga un prejuicio contra cierto tipo de negocios. Ahora es el mejor momento de averiguarlo.

Aquí hay algunas maneras posibles de responder esa pregunta.

"Estamos en el negocio de salud y nutrición. Todo mundo quiere sentirse bien y vivir más tiempo."

"Estamos en el negocio de la salud. Las personas están pensando en su salud todo el tiempo."

Esta simple explicación le deja saber a nuestros prospectos lo que hacemos. Si encontramos que esta explicación no es suficientemente clara, podemos agregar un poco más. Las palabras más fáciles para hacer esa transición son "significa que." Aquí tienes un ejemplo:

"Estamos en el negocio de la nutrición, significa que cuando las personas no pueden comer sanamente, nosotros entramos para ayudarles."

La explicación larga y los detalles serán ahorrados sólo para los prospectos que estén interesados.

Pregunta #2:
"¿Cuánto dinero puedo ganar?"

Este es un lugar grandioso para usar nuestras habilidades de sentido común y escuchar con cuidado. Si nuestros prospectos no nos dan una pista sobre cuánto dinero quieren ganar, podríamos adivinar.

O, para ser más precisos, podríamos preguntarles.

Alguien que busca cambiar de profesión querrá saber cómo puede ganar mucho dinero. Otros podrían sólo querer un ingreso de medio tiempo para ayudar con el presupuesto familiar.

¿Cómo sonaría esto en la vida real? Para comenzar nuestra presentación de un minuto, podríamos decir, "Si quisieras ganar $500 dólares extras al mes, debes de hacer estas tres cosas."

Sí, comenzaremos nuestra presentación de un minuto diciéndole inmediatamente a nuestro prospecto una cifra mensual que podría lograr. No hace falta dejarlos en suspenso. Los prospectos nos aman cuando vamos directo al punto.

Mientras continuamos con nuestra presentación de un minuto, nuestro prospecto puede enfocarse en nuestra explicación sobre el negocio. Pero al final de nuestra presentación, le recordaremos de nuevo sobre la cantidad mensual.

Podríamos terminar diciendo, "Y entonces podrías ganar $500 dólares extras al mes."

No te preocupes por esto ahora. Te daremos una presentación de un minuto completa en un momento para que podamos ver cómo todo encaja junto.

Pregunta #3: "¿Qué tengo que hacer exactamente para ganar ese dinero?"

Aquí es donde la magia sucede. Esta es la pregunta ardiente que todos los prospectos tienen.

Por supuesto que nuestra respuesta a esta pregunta dependerá de lo que nuestros prospectos quieran ganar. Así que, haremos algunos ejemplos.

Todos estos ejemplos son aproximaciones. En este punto de la conversación, nuestros prospectos no quieren saber cada regla de calificación para todos los niveles de liderazgo. Nuestros prospectos no quieren 10 ejemplos diferentes. ¿Qué es lo que quieren?

Un vistazo rápido de la actividad que tendrían que hacer para ganar esta cantidad de dinero.

Esto es lo que **no** quieren escuchar:

"Sólo tienes que hablar con personas."

"Comparte nuestro mensaje con tus amistades."

Estas respuestas suenan demasiado vagas. Les daremos un ejemplo. ¿Este ejemplo será exacto el 100% de las veces? No. El propósito de este ejemplo es sólo para responder, "¿Qué tengo que hacer para ganar este dinero?"

La clave es hacerlo claro y breve. Algunos ejemplos:

"Pasar dos tardes a la semana ayudando personas a que su cuerpo deje de oxidarse y envejecer. Al cabo de seis meses, estarás ganando $500 dólares extras al mes."

"Cada semana, ayuda a una familia a tomar el control de su salud. Y de todas las personas que ayudes, eventualmente encontrarás cuatro personas que quieran un ingreso parcial haciendo lo mismo. Y al cabo de un año, estarás ganando $1,000 dólares extras al mes."

"Encontrar cuatro personas que detesten sus trabajos y quieran una oportunidad más grande en sus vidas.

Ayudarles a conseguir sus primeros 50 clientes, y entonces estarás ganando $2,000 dólares extras al mes."

Ahora, ¿estos ejemplos son 100% exactos para tu negocio? Por supuesto que no. Pueden ser más altos o más bajos dependiendo de tu plan de compensación, bonos de inicio rápido, promociones especiales, si los nuevos miembros de tu equipo patrocinaron otros miembros, etc.

Todas estas comparaciones pueden hacerse después en el entrenamiento. Por ahora, nuestros prospectos sólo quieren saber, "Generalmente, qué tipo de **actividad** estaré haciendo para ganar este dinero?" Seamos educados y respondamos esta importante pregunta en sus mentes.

Coloquemos los tres pasos juntos.

Nuestros prospectos nos dicen, "Sí. Tengo un minuto. Dime sobre tu negocio." ¿Nuestra respuesta?

"Estamos en el negocio de la salud y la nutrición. Todo mundo quiere vivir más tiempo y sentirse más joven. Pueden ganar $500 dólares extras al mes. Todo lo que debes de hacer es pasar dos tardes por semana ayudando a otras familias a frenar el proceso de envejecimiento poniendo mejores alimentos en su cuerpo. Al cabo de seis meses, estarás ganando $500 dólares extras al mes."

Vaya. Eso toma menos de 20 segundos.

¿Esto es todo lo que nuestros prospectos quieren saber? No.

Sin embargo, esto es todo lo que quieren saber por el momento. Esto les da una oportunidad de tomar una decisión inicial de "sí" o "no" sin invertir mucho de su tiempo. Si suena interesante para ellos, podremos explicar los detalles después.

Con la práctica, aprenderemos cómo hacer esto con más elegancia. Pero por ahora, esto será suficiente para la mayoría de las personas con las que hablemos.

Date cuenta de lo que dejamos fuera.

No mencionamos nada sobre:

- Cómo la nutrición orgánica difiere de las vitaminas sintéticas.
- Nuestra patente única e investigaciones.
- La historia del fundador de nuestra compañía.
- Los diferentes niveles del plan de compensación.
- Dónde podemos analizar la presentación en PowerPoint.
- Los videos corporativos de nuestra compañía.
- El tamaño actual de la industria de salud y bienestar.

En menos de 20 segundos, nuestros prospectos tienen la idea general. Si no les gusta lo que escucharon, pueden decir "no" de inmediato y seguiremos siendo amigos. No tenemos que evitarnos mutuamente en el futuro. Nuestros prospectos también pueden decir, "Pienso que esto suena genial. Inscríbeme." Y si nuestros prospectos quieren más detalles, pueden preguntar. Haremos lo mejor para responder las preguntas tan claramente como sea posible.

Esta presentación de un minuto funciona cara a cara, por teléfono, o por videollamada. No más invitaciones engañosas a juntas secretas. Nuestros prospectos pueden relajarse sabiendo qué esperar.

Ahora, veamos cómo sonaría esta presentación de un minuto en la vida real.

Nosotros: "Puedo darte una presentación completa, pero tomaría un minuto completo. ¿Cuándo puedes apartar un minuto?"

Prospecto: "Ahora mismo. Continúa."

Nuestra presentación:

"Si te gustaría ganar $500 extras al mes, debes de hacer estas tres cosas." (Cuando decimos tres cosas, nuestros prospectos sien-ten que estamos yendo directo al punto, nada de guiones de venta prolongados. Y tres cosas no suenan tan intimidantes tampoco.)

"Número uno: No cambies. Continúa recomendando las cosas que te gustan." (Nuestros prospectos se sienten cómodos. Es natural para los humanos recomendar cosas que nos gustan. Esto también le dice a nuestros prospec-tos que permanecerán dentro de su zona de confort.)

"Número dos: Estamos en el negocio de la salud. Todos quieren mejorar su salud y vivir más tiempo. Nosotros simplemente pasamos unos minutos con ellos para mostrarles cómo mejorar la salud de sus cuerpos." (Nuestros prospectos entienden nuestro negocio. Esto es hablar claro.)

"Y número tres: Todo lo que debes hacer es pasar dos tardes por semana mostrándole a las personas cómo sentirse genial al agregar estos productos de salud a su vida. Al cabo de seis meses, estarás ganando $500 dólares extra cada mes." (Nuestros prospectos saben que esto les quitará dos tardes de televisión, y no esperarán ganar $500 al mes de inmediato.)

¡Listo!

Ahora le damos a nuestros prospectos la oportunidad de hablar. No hay nada peor que hablar demasiado tiempo. Cuando dejamos de hablar, nuestros prospectos tienen una opción. Nosotros sólo esperamos que tomen la opción que mejor les funcione en este momento de sus vidas.

Algunas personas le temen al cambio. Ellos insistirán en mantener sus vidas actuales tal como están. Eso está bien. Eso los hace felices.

Otras personas le darán la bienvenida a un cambio hacia una mejor salud y más dinero. Insistirán en cambiar de inmediato. Sienten que cada segundo perdido es dinero que sale de sus bolsillos. Nosotros podemos ayudarlos a cambiar ya.

Cuando conversamos con prospectos, ellos no tienen ninguna obligación de comprar o unirse. Nosotros simplemente les ofrecemos nuestros productos o negocio como una opción para sus vidas.

Hagamos un ejemplo más.

"Si quieres ganar $500 dólares extras al mes, deberás de hacer estas tres cosas.

"Número uno: No cambies. Continúa recomendando las cosas que te gustan, como tu música favorita o películas.

"Número dos: Estamos en el negocio de la salud y el bienestar, lo que significa que le ayudamos a las personas a que dejen de oxidarse desde el interior, para que se vean y se sientan más jóvenes de manera natural.

"Número tres: Todo lo que debes de hacer es ayudar a que una persona se una a tu equipo cada mes, y ayudar a esa persona a obtener a sus primeros cuatro clientes felices para arrancar su negocio.

"Y entonces, cuando transcurran ocho meses, estarás ganando $500 extras por mes."

Cuando somos claros, nuestros prospectos se relajan y escuchan nuestro mensaje.

¿Pero qué hay si nuestros prospectos no toman una decisión de inmediato?

"Pensarlo más" es igual a decidir "no." "Pensarlo más" es tomar la decisión de no cambiar. Está bien si nuestros prospectos toman conscientemente la decisión de quedarse donde están. Nosotros sólo queremos asegurarnos de que estén conscientes de que "pensarlo más" significa que están rechazando mejorar su salud, o rechazando la oportunidad de tener más dinero en sus vidas.

Aquí está una simple frase de cierre que le ayuda a los prospectos a comprender que ya sea que tomen la decisión de cambiar, o tomen la decisión de permanecer donde están.

Aquí está:

"Esto funciona para ti, o no. Entonces, ¿qué quieres hacer?"

¿Algunos ejemplos?

- "Ir cada vez más lento y envejecer cada vez más todos los días funciona para ti, o no. Entonces, ¿qué quieres hacer?"
- "Sentirte joven y con energía diariamente funciona para ti, o no. Entonces, ¿qué quieres hacer?"
- "Tener $500 extras cada mes para el presupuesto familiar funciona para ti, o no. Entonces, ¿qué quieres hacer?"
- "Construir un negocio de tiempo parcial por las tardes para que puedas renunciar a tu empleo el próximo año funciona para ti, o no. Entonces, ¿qué quieres hacer?"
- "Proteger tu corazón y tu circulación funciona para ti, o no. Entonces, ¿qué quieres hacer?"

Esta frase básica de cierre le ayuda a los prospectos a enfocarse en lo que quieren para sus vidas. Cuando hacemos esta pregunta, no se sienten presionados. En lugar de eso, se relajan debido a que ahora saben que están a cargo de las decisiones en su vida.

No te estreses.

Nuestra frase para romper el hielo cerró previamente a nuestros prospectos. El trabajo duro del cierre ya se terminó. Nuestra presentación es la parte fácil.

Además, si hacemos una presentación corta, nuestros prospectos se sentirán geniales. Nuestros prospectos creen que una mala presentación de un minuto es siempre mejor que una perfecta presentación de 30 minutos. Los prospectos prefieren hablar en lugar de escucharnos de cualquier manera.

Y aquí está un beneficio adicional. Esta presentación es tan corta que nuestros prospectos terminan pensando, "¡Yo puedo hacer este negocio! Esta explicación es muy fácil."

¿Podemos mejorar nuestras habilidades para presentaciones a partir de este punto? Por supuesto.

Si somos nuevos en el negocio, estas breves presentaciones son un excelente lugar para comenzar. Nos darán confianza y evitarán que hablemos demasiado.

El libro *La Presentación de Un Minuto* profundiza mucho más dentro de esta habilidad de negocio. Pero por ahora, esta breve presentación nos da un arranque inmediato.

En el capitulo siguiente, veremos una presentación un poco más avanzada para nuestra oportunidad de negocio.

LA HISTORIA DE DOS MINUTOS.

Esta presentación funciona cuando hablamos individualmente con un prospecto, pero no es apropiada para presentaciones frente un grupo de personas. ¿Por qué? Por que tendremos una conversación con nuestro prospecto. Necesitamos la retroalimentación de nuestro prospecto para que podamos personalizar esta presentación de acuerdo a las necesidades de nuestro prospecto.

No es adecuada para vender nuestros productos. Esta historia es sobre nuestra oportunidad.

Y no es adecuada para alguien que busca un poco de ingreso parcial. Esta historia sólo funciona bien para alguien que busca un cambio de carrera.

Sí, esta historia tiene sus límites. Pero hace fácil que los prospectos se vean a sí mismos teniendo éxito a tiempo completo en una carrera dentro de redes de mercadeo.

Margaret Millar una vez dijo, "La mayoría de las conversaciones son simplemente monólogos entregados en presencia de un testigo." Y ese es el problema con las presentaciones convencionales. Toda la comunicación ocurre en una sola vía. Terminamos sermoneando a nuestros prospectos.

La historia de dos minutos cambia esto. En lugar de entregar una presentación unitalla de memoria, creamos una historia en la mente de nuestros prospectos configurada a su situación actual.

Pero vamos a trabajar sobre nuestra historia de dos minutos. Es más fácil demostrarla que explicar.

La invitación.

¿Cómo piensas que nuestros prospectos responderán si decimos lo siguiente? "Tengo una buena historia."

La mayoría de los prospectos diría, "Genial, cuéntame esa historia." ¿Por qué? Por que a los seres humanos les encantan las historias.

Cuando alguien cuenta una historia, nuestras mentes dicen, "Detente. Escucha esta historia. Podría ser importante para nuestra supervivencia." Además, una historia es más interesante que una presentación con datos. Nos encantan las películas y los libros por que cuentan historias.

Incluso a los niños les encantan las historias. Desde el momento en que pueden hablar, dicen, "Mami, papi, cuéntame un cuento." No sólo conseguimos el interés de nuestros prospectos, sino su interés favorable. Eso es muy importante. Escucharán lo que tenemos que decir.

Continuemos con la invitación.

"Tengo una buena historia. Toma como dos minutos. Puede hacerte ganar mucho dinero, puede que no. ¿Quieres escucharla?"

¿Qué piensas que dirán nuestros prospectos? "¡Sí!"

Piensa en esto desde el punto de vista de nuestros prospectos. ¿Qué piensas que les gusta de esta invitación?

- "Tengo una buena historia." A los prospectos les encanta escuchar historias.
- "Toma como dos minutos." A los prospectos les encanta escuchar historias cortas, no historias largas.
- "Puede hacerte ganar mucho dinero, puede que no." ¿Hay posibilidad de hacer dinero? Esto suena muy interesante.
- "¿Quieres escucharla?" Le damos a nuestros prospectos la opción de continuar la conversación. Sin presión. Escuchan voluntariamente.

Esta simple invitación a nuestra "historia de dos minutos" hace que nuestros prospectos escuchen voluntariamente nuestra breve presentación.

Aquí está de nuevo. Esto es algo que deberíamos aprender palabra por palabra, y estar listos para decirlo en cualquier momento:

"Tengo una buena historia. Toma como dos minutos. Puede hacerte ganar mucho dinero, puede que no. ¿Quieres escucharla?"

¿Qué sigue después?

Comenzaremos nuestra historia con una pregunta. Esto nos ayudará a personalizar la historia.

"¿Estaría bien si nunca más tuvieras que ir a trabajar?"

Nuestros prospectos piensan, "¿Cómo luciría eso en mi caso? ¿Podría quedarme en casa leyendo o practicando música? ¿Tal vez podría educar a mis hijos desde casa y verlos crecer? ¿Esta es mi oportunidad de viajar a lugares que siempre quise conocer? Déjame imaginar cómo se sentiría dormir hasta tarde todas las mañanas."

Nuestros prospectos crearán la visión perfecta en sus mentes. En este momento nuestros prospectos crean el sueño de cómo podrían ser sus vidas. Si nuestros prospectos no tienen sueños, no habrá motivación para comenzar.

Esto es mejor que adivinar cuál podría ser el sueño de nuestros prospectos. Algunas personas quieren viajar. Otras quieren perseguir sus pasiones. No lo sabemos. Así que en lugar de adivinar, dejemos que nuestros prospectos creen la visión perfecta para ellos mismos.

Aquí está nuestra segunda frase:

"¿Cómo cuánto dinero necesitas cada mes, sólo para cubrir los gastos básicos, para que nunca tengas que ir a trabajar?"

¿Esto es demasiado personal? No. No les preguntamos cuánto dinero ganan actualmente. En la mayoría de las sociedades eso es descortés. En lugar de eso, nosotros sólo queremos saber la cantidad mínima que necesitarían para cubrir sus gastos actuales. Esto sería el monto mínimo que necesitan para dejar de ir al trabajo todos los días.

Nota cómo **no preguntamos** cuánto dinero les **gustaría** ganar. Ese número podría ser gigante. Queremos mantener la cantidad tan baja como sea posible. Así es más fácil mostrar cómo nuestra oportunidad puede ayudarlo a lograr esta meta. Imagina esta cantidad como lo mínimo suficiente para pagar las cuentas y salir a cenar un par de veces cada mes.

Ahora que tenemos este número, hemos terminado nuestro proceso de recolección de información. Veamos cómo luce nuestra presentación hasta este momento.

***

"Tengo una buena historia. Toma como dos minutos. Puede hacerte ganar mucho dinero, puede que no. ¿Quieres escucharla?"

"¿Estaría bien si nunca más tuvieras que ir a trabajar?"

"¿Cómo cuánto dinero necesitas cada mes, sólo para cubrir los gastos básicos, para que nunca tengas que ir a trabajar?"

***

Asumir es mucho mejor que vender.

En lugar de vender los beneficios de nuestros productos, asumiremos que tenemos un valor asombroso para nuestros prospectos. Cuando asumimos con confianza, nuestros prospectos naturalmente creen en nosotros. ¿Por qué otra razón tendríamos tanta confianza?

No estamos vendiendo técnicamente nuestros productos en este momento. Sólo queremos que nuestros prospectos sepan que otros comprarán y usarán nuestros productos. Queremos establecer que existe un mercado para lo que estamos ofreciendo. Nadie quiere unirse a un negocio donde nadie comprará los productos.

Aquí está la frase que usaremos:

"Bien, tú sabes cómo la mayoría de las personas quieren vivir más tiempo y estar más sanos."

Cuando comenzamos con, "Bien, tú sabes cómo," nuestros prospectos comenzarán a asentir con la cabeza de inmediato. Luego, decimos un hecho que nuestros prospectos ya creen. "La mayoría de las personas quieren vivir más tiempo" es un dato genial que podemos usar. ¿Quién puede discutir contra eso?

¿Qué ocurre? En este momento nuestros prospectos están de acuerdo de que habrá mucho mercado para lo que ofrecemos. Hemos cumplido con nuestra misión.

¿Pero qué tal si vendemos productos de dieta? Este ejemplo se trata de productos de salud en general, pero podríamos sustituir con cualquier otro.

Nuestra siguiente frase le dirá a nuestros prospectos un poco sobre nuestra compañía. Podemos insertar un pequeño comercial sobre nuestro negocio aquí.

"Hay una compañía llamada [nuestra compañía] que le ayuda a las personas a estar más sanos, sin pasar cuatro horas por día en el gimnasio."

Nuestros prospectos asumen que nuestra compañía es buena, y le ayuda a las personas a mejorar su salud con sus vidas ocupadas. Deberían de estar pensando, "Todos querrán esto."

Sólo unas pocas frases hasta este punto. Aquí están.

***

"Tengo una buena historia. Toma como dos minutos. Puede hacerte ganar mucho dinero, puede que no. ¿Quieres escucharla?"

"¿Estaría bien si nunca más tuvieras que ir a trabajar?"

"¿Cómo cuánto dinero necesitas cada mes, sólo para cubrir los gastos básicos, para que nunca tengas que ir a trabajar?"

"Bien, tú sabes cómo la mayoría de las personas quieren vivir más tiempo y estar más sanos."

"Hay una compañía llamada [nuestra compañía] que le ayuda a las personas a estar más sanos, sin pasar cuatro horas por día en el gimnasio."

***

Hasta ahora, todo va muy bien. Nuestros prospectos están asintiendo con la cabeza y están de nuestro lado. No hay tensión. No hay ventas rudas. No hay presión.

Pero de regreso a nuestra historia.

Sacamos del camino los detalles. Nuestro prospecto sabe qué es lo que hacemos en nuestro negocio. También sabemos cuánto dinero necesita nuestro prospecto para cubrir sus gastos mínimos, para no tener que ir a trabajar de nuevo.

Ahora, regresemos a la pregunta original que hicimos: "¿Estaría bien si nunca más tuvieras que ir a trabajar?" Nuestro prospecto podría estarse preguntando cuándo vamos a decirle cómo puede quedarse en casa en lugar de ir a trabajar.

Así que, vamos a continuar. Le diremos:

"Ahora, si nunca más quieres ir a trabajar, todo lo que debes de hacer es ayudar a que 400 familias comiencen a consumir mejores productos nutricionales en lugar de los productos genéricos que normalmente compran."

Vamos a explicar esta frase. Comenzamos nuestra frase diciendo, "Ahora, si nunca más quieres ir a trabajar." Comenzamos con esta frase para enfocar a nuestro prospecto de nuevo a la pregunta original. No queremos que nuestro prospecto esté pensando en nada más en este momento.

Luego cuando decimos, "Todo lo que debes de hacer es," le indicamos a nuestro prospecto que nuestra explicación será concisa y fácil de entender. A los prospectos les fascina esto.

Y finalmente, debemos de explicar el plan de compensación. En este punto en la conversación, nuestro prospecto no quiere saber todos los detalles del plan de compensación. Nuestro prospecto quiere saber, "A grandes rasgos, ¿qué tengo que hacer para ganar este dinero para poder quedarme en casa?"

Nuestro prospecto no comprende nuestra terminología de redes de mercadeo. No podemos usar palabras como "patas," "niveles," o "volumen grupal." Debemos de comunicar nuestra explicación con términos que nuestros prospectos puedan entender inmediatamente.

Entonces, ¿cómo es que los prospectos entienden los negocios? Ellos visualizan una tienda con clientes. Miden el éxito de un negocio por la cantidad de clientes. Así que, usaremos la explicación de los clientes.

La última parte de nuestra frase será, "Ayudar a que 400 familias comiencen a consumir mejores productos nutricionales en lugar de los productos genéricos que normalmente compran."

Esto es claro y cualquier prospecto lo entiende fácilmente.

Pero hay un problema. Nuestro prospecto entrará en pánico y pensará, "¡400 familias! No conozco 400 familias. ¡Esto es imposible!" No te preocupes. Nos haremos cargo de este miedo en la siguiente frase.

¿Pero cómo llegamos a 400 familias? Es sólo una aproximación. Sabemos aproximadamente cuánto se ganan por cada cliente. Pero, cambia dependiendo de si encontramos a ese cliente personalmente, o si nuestro equipo encontró a ese cliente, si hubiera algún tipo de bono de inicio rápido o alguna promoción en el momento, etc. Además, ajustamos el número de clientes basados en cuánto ingreso necesita nuestro prospecto para quedarse en casa y cubrir sus gastos. Alguien que necesita $5,000 al mes tendrá que encontrar muchos más clientes.

No te preocupes por el número exacto. Nosotros sólo queremos elegir algo cercano, para que nuestro prospecto comprenda nuestro negocio.

Superando el ataque de pánico de nuestro prospecto.

Nuestro prospecto piensa, "¡400 clientes! Eso es demasiado. ¡Nunca podré hacer esto!"

Para relajar a nuestro prospectos, haremos un truco para leer la mente. Sí, vamos a leer la mente de nuestro prospecto. Diremos:

"Ahora, tú no sabes cómo conseguir 400 clientes, pero pue-des aprender. Aprendiste a usar tu smartphone, aprendiste cómo usar ese control remoto con 100 botones para la televisión, y seguramente puedes aprender un sistema para ayudar a que 400 clientes estén más sanos y felices."

¡Vaya! ¿Qué es lo que está pensando nuestro prospecto ahora?

"Oh, tienes razón. No sé cómo conseguir 400 clientes. Leíste mi mente. Puedo confiar en ti. Y aprendí a usar mi smartphone. ¿Y ese control remoto? Fue difícil, pero aprendí a usarlo. Podría ser un genio y no saberlo. Tengo la habilidad de aprender cosas nuevas. Ahora, dices que tienen un sistema. Me gusta cómo suena eso. Puedo seguir instrucciones paso por paso para aprender. Puede sonar difícil ahora, pero el sistema me dará el entrenamiento para conseguir 400 clientes. Así que, pienso que puedo aprender su sistema y hacer el negocio."

Esta única frase hace mucho trabajo pesado. Al terminar esta frase, nuestro prospecto ve la posibilidad de que nuestro negocio reemplace su ingreso de tiempo completo de su empleo.

¿Esta frase no levanta muchas preguntas con nuestro prospecto?

Posiblemente. Algunos prospectos tendrán muchas preguntas. Las buenas noticias son que no tenemos que ser expertos para responder estas preguntas. La mayoría de las preguntas pueden responderse diciendo, "Aprenderás cómo hacer eso cuando aprendas el sistema."

Aquí hay algunos ejemplos.

Prospectos: "No sé dónde encontrar personas que quieren estar más sanas o vivir más tiempo."

Nosotros: "No te preocupes. Aprenderás cómo hacer eso cuando aprendas nuestro sistema."

Prospecto: "No sé cómo hablar con personas."

Nosotros: "No te preocupes. Aprenderás cómo hablar con personas cuando aprendas nuestro sistema."

Prospecto: "Soy una persona tímida. No me siento cómodo hablando con desconocidos."

Nosotros: "No te preocupes. Aprenderás cómo sentirte muy cómodo con los demás cuando aprendas nuestro sistema."

Prospecto: "No sé cómo hacer este ni ningún otro negocio."

Nosotros: "No te preocupes. La empresa no espera que sepas hacer el negocio antes de comenzar. Para eso tenemos entrenamientos. Aprenderás cómo hacer este negocio paso por paso cuando aprendas nuestro sistema."

Responderemos las preguntas de nuestros prospectos al referirnos al "sistema." Esto le dará a nuestros prospectos la confianza de que pueden construir su negocio exitosamente.

Antes de que expliquemos todos los detalles de nuestro sistema, primero necesitamos obtener una decisión de nuestro prospecto. No hay necesidad de atravesar todos los detalles de nuestro entrenamiento con alguien si no se afiliará. Eso sería una pérdida de tiempo.

Pero, antes de que cerremos, veamos cómo luce nuestra historia de dos minutos hasta ahora.

***

"Tengo una buena historia. Toma como dos minutos. Puede hacerte ganar mucho dinero, puede que no. ¿Quieres escucharla?"

"¿Estaría bien si nunca más tuvieras que ir a trabajar?"

"¿Cómo cuánto dinero necesitas cada mes, sólo para cubrir los gastos básicos, para que nunca tengas que ir a trabajar?"

"Bien, tú sabes cómo la mayoría de las personas quieren vivir más tiempo y estar más sanos."

"Hay una compañía llamada [nuestra compañía] que le ayuda a las personas a estar más sanos, sin pasar cuatro horas por día en el gimnasio."

"Ahora, si nunca más quieres ir a trabajar, todo lo que debes de hacer es ayudar a que 400 familias comiencen a consumir mejores productos nutricionales en lugar de los productos genéricos que normalmente compran."

"Ahora, tú no sabes cómo conseguir 400 clientes, pero puedes aprender. Aprendiste a usar tu smartphone, aprendiste cómo usar ese control remoto con 100 botones para la televisión, y seguramente puedes aprender un sistema para ayudar a que 400 clientes estén más sanos y felices."

***

¡Nuestra "historia de dos minutos" luce genial! Así que, vamos a obtener esa decisión de "sí" o "no" de nuestro prospecto.

Cómo finalizar y conseguir la decisión.

Para hacer esto, haremos una simple pregunta. Queremos saber si nuestro prospecto quiere permanecer donde está, seguir con la vida igual... o si nuestro prospecto quiere hacer el negocio con nosotros.

Eso es todo. Es la única decisión que necesitamos en este momento.

Si nuestro prospecto decide "no," y prefiere continuar con la vida como está, está bien. Terminamos. Nuestro prospecto recordará esta historia. Y cuando los tiempos sean difíciles en el futuro, nuestro prospecto pensará en nosotros, y nos recordará afectuosamente. El tiempo lo es todo.

¿Cómo hacemos esta pregunta de cierre? Aquí está.

"¿Qué sería más fácil para ti?"

Que buena pregunta. No presionamos a nuestro prospecto. También nos vemos muy bien. No nos vemos como un engañoso vendedor con motivos ocultos. Todo lo que hacemos es preguntarle a nuestro prospecto si desea seguir con su vida igual, o unirse a nuestro negocio. Dejamos que nuestro prospecto controle su vida.

¿Cómo hacemos esto? Continuamos nuestra pregunta con dos opciones.

Opción #1: Mantener la vida como está. No cambiar nada.

Opción #2: Cambiar su vida. Comenzar su nuevo negocio ya.

Aquí hay algunos ejemplos.

"¿Qué sería más fácil para ti? ¿Seguir batallando con un solo cheque, o comenzar a aprender un sistema para hacer tu nuevo negocio para que nunca más tengas que regresar a trabajar de nuevo?"

"¿Qué sería más fácil para ti? ¿Seguir levantándote a las 6 am todas las mañanas para pelear contra el tráfico, o aprender un sistema para que puedas tener tu propio negocio y trabajar desde tu casa?"

"¿Qué sería más fácil para ti? ¿Seguir yendo al trabajo que detestas cinco días por semana, o comenzar tu negocio con nosotros esta noche, para que tal vez el próximo año puedas trabajar desde tu casa?"

"¿Qué sería más fácil para ti? ¿Seguir dejando que otras personas críen a tus hijos por ti en la guardería, o comenzar tu negocio esta tarde para que el próximo año puedas estar en casa con tus hijos todo el día?" (Bueno, un poco fuerte. Pero es fácil de recordar.)

"¿Qué sería más fácil para ti? ¿Seguir con la esperanza de un aumento del 50%, o agendar tu primera sesión de entrenamiento y empezar a aprender nuestro sistema, para que nunca más tengas que ir a trabajar?"

"¿Qué sería más fácil para ti? ¿Seguir trabajando en dos lugares por el resto de tu vida para pagar tus deudas, o comenzar esta noche a construir tu negocio de tiempo parcial para ayudarte con los gastos mensuales, y hacer que sea tu fuente de ingreso principal rápidamente?"

Y entonces terminamos.

Nuestros prospectos pueden elegir cuál opción será más fácil para ellos. Ellos toman su decisión y nosotros no necesitamos hacer un cierre. Respetamos las decisiones de nuestros prospectos.

Demos un vistazo a esta historia de dos minutos en su totalidad.

La historia completa.

¿Listo?

Esta es la historia que puede cambiar por completo nuestras vidas.

***

"Tengo una buena historia. Toma como dos minutos. Puede hacerte ganar mucho dinero, puede que no. ¿Quieres escucharla?"

"¿Estaría bien si nunca más tuvieras que ir a trabajar?"

"¿Cómo cuánto dinero necesitas cada mes, sólo para cubrir los gastos básicos, para que nunca tengas que ir a trabajar?"

"Bien, tú sabes cómo la mayoría de las personas quieren vivir más tiempo y estar más sanos."

"Hay una compañía llamada [nuestra compañía] que le ayuda a las personas a estar más sanos, sin pasar cuatro horas por día en el gimnasio."

"Ahora, si nunca más quieres ir a trabajar, todo lo que debes de hacer es ayudar a que 400 familias comiencen a consumir mejores productos nutricionales en lugar de los productos genéricos que normalmente compran."

"Ahora, tú no sabes cómo conseguir 400 clientes, pero pue-des aprender. Aprendiste a usar tu smartphone, aprendiste cómo usar ese control remoto con 100 botones para la tele-visión, y seguramente puedes aprender un sistema para ayu-dar a que 400 clientes estén más sanos y felices."

"¿Qué sería más fácil para ti? ¿Seguir yendo al trabajo que detestas cinco días por semana, o comenzar tu negocio con nosotros esta noche, para que tal vez el próximo año puedas trabajar desde tu casa?"

***

Si esta historia pudiera hacernos libres financieramente, ¿cuánto más esfuerzo pondríamos en aprenderla?

Sí, es un poco más complicada que una presentación de cuatro o cinco frases, pero vale el esfuerzo.

Y si esta historia pudiera hacer que las presentaciones con los prospectos lucieran fluidas, ¿cuántas veces la usaríamos? Ciertamente hace que las conversaciones por teléfono sean más breves.

Pregúntale al profesional de redes de mercadeo, Dale Moreau, quien es uno de los mejores al usar esta historia de dos minutos para construir su negocio. Todo lo que tenemos que hacer se acaba en menos de dos minutos. No más presentaciones largas solo para comenzar a averiguar que nuestros prospectos no están interesados.

Los prospectos adoran la historia de dos minutos. Piensa en esto desde su punto de vista. La historia se trata de ellos mismos, es corta y va directo al punto.

Una vez que contamos la historia durante unas pocas semanas, podemos repetirla hasta dormidos. En lugar de preocuparnos por qué sigue después en la historia, podemos enfocarnos en nuestros prospectos y en cómo podríamos ayudarlos.

La historia de dos minutos es la presentación de oportunidad más poderosa que podemos entregar con un prospecto uno-a-uno. Personalizamos la historia según las necesidades de ingreso de nuestro prospecto. La historia se trata de nuestro prospecto. Es la historia más interesante del mundo.

¿Esta historia de dos minutos puede mejorar? Seguro. El libro *La Historia de Dos Minutos* lleva esta habilidad de presentación a un nivel todavía más alto, pero no hace falta que aprendamos todo eso en este momento. Podemos comenzar con cualquiera de las presentaciones que hemos aprendido hasta ahora en este libro. La clave es comenzar. Tomar acción es mejor que perfeccionar habilidades que nunca usaremos frente a ningún prospecto.

PRESENTACIONES GRUPALES.

¿Alguna vez has sentido nervios frente a un grupo de personas?

Relájate. Es normal. ¿Por qué sentimos nervios?

Por que todo el grupo nos está juzgando. ¡Eso pondría nervioso a cualquiera!

Cuando nos ponemos de pie frente a un grupo, aquí está lo que los demás están pensando. "¿Quién eres? ¿Será interesante lo que digas? ¿Quieres venderme algo? ¿Cuánto tiempo vas a hablar? ¿Puedo creer en lo que dices? Analizaré tu sentido de la moda."

Nuestro grupo no está pensando en nuestra oportunidad de negocio. Están demasiado ocupados juzgándonos.

Toma el control de sus mentes inmediatamente.

Los seres humanos solamente pueden mantener un pensamiento a la vez. Vamos a colocar otro pensamiento en sus mentes para que no tengan espacio para todos esos pensamientos negativos sobre nosotros. ¿Cómo podemos enganchar sus mentes?

Podemos comenzar con una pregunta. Ahora el grupo tiene que pensar sobre sus respuesta. Sus mentes no están pensando en nosotros, sino en la respuesta a nuestra pregunta. Problema resuelto.

Después de nuestra pregunta inicial, podemos continuar retando sus mentes. De esa manera se enfocarán en lo que les presentemos.

Y aquí están las buenas noticias.

Sólo debemos de controlar sus mentes durante los primeros 30 segundos. Después de 30 segundos, nuestro grupo tomará sus decisiones. Así que queremos comprimir nuestro mensaje completo en los primeros 30 segundos. Cualquiera puede aprender y memorizar 30 segundos de información sobre su negocio. ¿Quieres verlo en acción?

Nos pondremos de pie frente al grupo y diremos esto.

***

"Aquí está la historia corta. ¿Cuántas personas aquí esta noche quieren estar más sanos y vivir más tiempo? Pregúntate a ti mismo, '¿Estaría bien si supiera cómo frenar el envejecimiento y sentirme más joven?' Eso es lo que hacemos. Ahora, pregúntate, '¿Mis vecinos me amarían más si les permitiera sentirse mejor también?' Por supuesto que te amarían más. Al hacer esto, estarías ganando dinero cada vez que tus vecinos usen nuestros productos."

***

Nota que no le hablamos **a** nuestros prospectos. Tuvimos una conversación con ellos. Una agradable conversación.

Nuestra conversación fue tan atractiva, que nuestros prospectos no tuvieron tiempo de pensar en nosotros o juzgarnos. ¿Notaste cómo mantuvimos ocupadas las mentes de nuestros prospectos?

Esta apertura completa de nuestra presentación grupal tomó sólo 30 segundos. La mayoría de los prospectos estará pensando al final de nuestros 30 segundos. "Sí. Esto tiene sentido. Suene muy bien."

Para este momento, nuestros prospectos están de nuestro lado. Ahora le dan la bienvenida a los detalles que estamos a punto de mostrarles. Los prospectos querrán detalles sólo después de que han decidido que "sí."

Veamos por qué esto funciona tan bien. Analizaremos cada oración.

"Aquí está la historia corta." (Esta frase de apertura relaja a nuestros prospectos. Les anuncia que iremos al punto, que no desperdiciaremos su tiempo con una aburrida y tediosa presentación.)

"¿Cuántas personas aquí esta noche quieren estar más sanos y vivir más tiempo?" (Nuestros prospectos ahora consideran esta pregunta en sus mentes. Ellos piensan, "Seguro. Nunca pensé que morir pronto fuera un buen plan." Y ahora se olvidaron de nosotros. Están pensando en ellos mismos y en su salud.)

"Pregúntate a ti mismo, '¿Estaría bien si supiera cómo frenar el envejecimiento y sentirme más joven?'" (Tenemos a los prospectos hablando consigo mismos sobre nuestro negocio. Esta pregunta es obvia. Sabemos que nuestros prospectos dirán "sí" con esta pregunta.)

"Eso es lo que hacemos." (Claro y al punto. Nuestros prospectos aman lo que hacemos. ¿Qué tan bueno está eso?)

"Ahora, pregúntate, '¿Mis vecinos me amarían más si les permitiera sentirse mejor también?'" (Sus mentes se imaginan a sus vecinos. No hay tiempo de pensar en nosotros.)

"Por supuesto que te amarían más." (Se pueden visualizar a ellos mismos siendo agradecidos por sus vecinos.)

"Al hacer esto, estarías ganando dinero cada vez que tus vecinos usen nuestros productos." (Nada más que discutir. Hemos contado toda la historia en 30 segundos.)

Nuestros primeros 30 seguros manejaron la decisión.

Todo lo que sigue después de este punto serán detalles mínimos. Podemos relajarnos.

Sólo estamos a 30 segundos de tener una genial presentación grupal sobre nuestra oportunidad de negocio.

Lo que hace toda la diferencia es lo que decimos al comienzo. Es por eso que nos concentramos fuertemente en nuestros primeros 30 segundos.

Después de esta apertura de 30 segundos, podemos cubrir los detalles en nuestra presentación.

¿Pero qué hay de una presentación grupal para clientes potenciales?

Aquí hay un enfoque diferente. Podemos comenzar con nuestra historia personal, y nuestros clientes potenciales se verán a sí mismos en la misma situación. Ellos visualizarán nuestra historia en sus mentes, pero con ellos mismos como personaje principal. Y adivina... llegarán a la misma conclusión que nosotros.

Aquí está un ejemplo de nuestra historia para comenzar la presentación grupal.

"Envejecer realmente duele. Cada mañana cuando me despertaba, sentía mi edad. Bueno, decidí que pasar el resto de mi vida sin energía no era como quería vivir. Ahora era el momento de reconstruir mi cuerpo y comenzar a sentirme más joven. Comencé con este conjunto de nutrición. Mi cuerpo necesita mejores materiales de construcción. En 14 días, comencé a despertarme sintiéndome como un niño los sábados por la mañana. Desearía haber comenzado esto hace 10 años."

Luego le preguntamos al grupo, "¿Cómo te sientes cuando te despiertas cada mañana?"

Nuestros prospectos naturalmente tomarán la misma decisión que nosotros tomamos. Sentirse joven y con energía es mejor que sentirse viejo y cansado.

¿Pero qué tal si nosotros no usamos personalmente el producto que representamos? En ese caso, deberíamos de contarle a la audiencia la historia de alguien más. Por ejemplo, podríamos decir, "Mi abuela solía sentarse en casa, quejándose todo el día. Nunca paraba. Todo era doloroso y le encantaba contárnoslo. Bueno, le conseguimos a mi abuela este conjunto de nutrición básica, y ahora toma clases de karate y hace breakdance los fines de semana. No sé qué tienen estos productos, pero voy a tomarlos también."

Bueno, un poco exagerado, pero entendemos la idea.

Las presentaciones grupales son fáciles y divertidas. Cuando hacemos que los primeros 30 segundos sean asombrosos, el resto de la presentación es sencillo.

DÓNDE Y CÓMO
ENCONTRAR PROSPECTOS.

Ahora tenemos las habilidades para dar presentaciones cortas. Con una o dos preguntas, podemos calificar a nuestros prospectos. Unas pocas frases son todo lo que necesitamos para hacer que nuestros prospectos decidan que "sí."

Las buenas noticias son que nuestros amigos y parientes disfrutarán nuestro enfoque no comercial.

Las malas noticias son que rápidamente procesaremos a todas nuestras personas conocidas.

¿A dónde vamos después? ¿Cómo encontramos prospectos nuevos? Vamos a trabajar.

Prejuzgar.

Suena como una mala palabra, pero es algo que todos hacemos.

No todos son un prospecto. ¿Gente que vive en el Amazonas? No son prospectos. ¿Gente malhumorada que no socializa? No son prospectos. ¿Los menores de 18 años? No son prospectos. Como podemos ver, no todos son un prospecto para nuestro negocio.

Pero, quedan muchas personas. Demasiadas personas con las que podemos hablar. Nuestro tiempo es limitado. Así que, ¿con quién podríamos decidir sí hablar? ¿Personas que tienen mente abierta y buscan lo que estamos ofreciendo, o personas que tienen carácter difícil o que apenas califican?

La respuesta debe ser obvia. Si sólo podemos hablar con un segmento de este gran grupo, vamos a hablar con las personas más calificadas. Queremos hablar con aquellos que tienen la mejor oportunidad de convertirse en clientes o socios de negocio.

Imagina esto. Cada persona conoce por lo menos 200 personas que nosotros no. No queremos hablar con todas las 200 personas. Muchos no califican. Pero de las 200 personas que alguien conoce, debe de haber cinco o diez personas que serían perfectos para nuestro negocio y productos. Vamos a pasar nuestro tiempo hablando con estas personas.

¿Cómo los localizaremos? Preguntando.

Podemos preguntarle a nuestros clientes actuales. Podemos preguntarle a nuestros amigos que no se unieron. Y podemos preguntarle a completos desconocidos si conocen personas que quieren lo que estamos ofreciendo.

Aquí tienes la manera **incorrecta** de pedir estas referencias: "¿Conoces a alguien que estaría interesado?" La mayoría de las personas responderá, "No." No conseguiremos muchas referencias de esta manera.

¿Cómo podemos pedir referidos de una manera que sea libre de rechazo? Usaremos esta pequeña frase en su lugar:

"Tengo curiosidad. ¿Podrías hacerme un favor? Estoy buscando personas con este problema y que quieran resolverlo. ¿Conoces a alguien así?"

Esta frase nos dará una mejor oportunidad de conseguir referidos. Vamos a analizar esta frase palabra por palabra.

- "Tengo curiosidad." Hay algo en estas palabras que desarma a las personas. Incluso hace amables a las personas rudas. Éstas son dos palabras geniales para comenzar una conversación con cualquier desconocido.
- "¿Podrías hacerme un favor?" La mayoría de las personas están contentos de hacernos un favor si no les cuesta dinero o los obliga a cargar muebles.
- "Estoy buscando personas con este problema y que quieran resolverlo." Les decimos el tipo de personas que estamos buscando. Esta persona tiene un problema. Pero también calificamos esto al asegurarnos de que ya quieren resolver su problema. No tiene sentido hablar con ellos si no quieren resolver su problema.
- "¿Conoces a alguien así?" Si lucimos como alguien digno de confianza, nos darán el nombre de alguien que necesite nuestra ayuda.

¿Y cuál es "este problema" en esta frase? Es un problema que podamos resolver. Veamos esto en acción.

"Tengo curiosidad. ¿Podrías hacerme un favor? Estoy buscando personas que se sientan cansadas y que les cuesta trabajo levantarse todas las mañanas. ¿Conoces a alguien así?"

¿Cuál fue el problema? Despertar y comenzar nuestro día cuando estamos cansados es un problema. Ahora conseguiremos una referencia de alguien que quiera despertar cada mañana lleno de energía y emoción. Será fácil que podamos hablar y ayudar esta persona.

¿Qué tal esto?

"Tengo curiosidad. ¿Podrías hacerme un favor? Estoy buscando abuelas que quieran tener tanta energía para que sus nietos les digan, '¡Abuela, abuela! Más despacio. ¡No somos tan rápidos!' ¿Conoces a alguien así?"

Esta es la parte clave: "Estoy buscando personas con este problema y que quieran resolverlo." Todo lo que debemos de hacer es ajustar esta parte, y podemos obtener todos los referidos que necesitemos.

¿Algunos ejemplos de esta frase clave para nuestra oportunidad de negocio?

- "Estoy buscando madres con estrés, que quieran cambiar sus vidas."
- "Estoy buscando personas con trabajos, que quieran ser libres."
- "Estoy buscando estudiantes universitarios con deudas, que quieran una manera de liquidar sus préstamos pronto."
- "Estoy buscando personas que estén cansados de los traslados, y prefieran trabajar desde su casa."
- "Estoy buscando personas a punto de jubilarse, que quieran duplicar su pensión."
- "Estoy buscando personas con muchas deudas en la tarjeta de crédito, que quieran una forma de pagarlas pronto."

- "Estoy buscando personas con carreras poco remuneradas que quieran ganar más."
- "Estoy buscando personas que les gusta viajar, pero les gustaría ganar viajes gratis en lugar de gastar su propio dinero."
- "Estoy buscando padres con empleos, que quieran horarios más flexibles para que puedan quedarse en casa con sus hijos."
- "Estoy buscando personas que aman los coffee breaks y platicar con gente, y que les guste la idea de tomar cinco coffee breaks por día."

En 15 minutos, podríamos crear una enorme lista de cosas que podríamos decir. Aquí está mi favorita.

"Estoy buscando personas con dos trabajos, que les gustaría liberarse de uno de ellos."

¿Qué sabemos sobre las personas con dos empleos? Bueno, necesitan dinero extra. Tienen iniciativa. Salieron y buscaron un segundo empleo. ¿Quieren trabajar en dos lugares por el resto de sus vidas? Por supuesto que no. Si pudiésemos ayudarlos a liberarse de uno de sus empleos, estarían emocionados. Podríamos esperar un fuerte abrazo. Y si pudiésemos ayudarlos a librarse de ambos trabajos, podrían abrazarnos tan fuerte que nos romperían las costillas.

Estas cortas frases de prospección pueden dirigirnos hacia los mejores prospectos con la mente más abierta que otras personas conocen. Así que si tenemos la opción de con quién hablar, hablemos con las personas más calificadas que podamos encontrar.

Encontrar buenos prospectos es fácil. Muchas personas tienen problemas, y nosotros tenemos soluciones.

Qué decir en eventos de referidos.

Clubes de desayunos de negocio, eventos de la Cámara de Comercio local, grupos de intercambio de referidos, reuniones de MeetUp, y demás. No hay escasez de lugares donde los prospectos se reúnen. Aquí hay un extracto de nuestro libro *51 Maneras y Lugares para Patrocinar Nuevos Distribuidores.*

***

Hace muchos años, Bob y Ana Bassett de Canadá me compartieron su "Test de Cinco Preguntas." Me contaron la historia de su amigo Herbie.

Herbie estaba conversando con una persona en un evento de contactos, y de repente, se dio media vuelta y se fue caminando, a media plática. Cuando le preguntaron sobre su abrupto comportamiento, Herbie contestó:

–¡Pues no pasó el Test de Cinco Preguntas!

¿Cuál es el Test de Cinco Preguntas?

Herbie explicó: –Bueno, cuando conozco a alguien nuevo, trato de aprender tanto como puedo sobre esa persona haciendo preguntas. Le hago cinco preguntas durante nuestra conversación, y si no me pregunta nada, ahí es cuando sé que sólo se interesa por sí mismo. Simplemente me alejo. No tiene sentido seguir hablando con nadie que no pase el Test de Cinco Preguntas.

Prospectar no se trata de ti en lo absoluto. Se trata de los prospectos.

No empieces hablando sólo de ti y tu compañía. Pronto nadie estará escuchándote. En lugar de eso, aprende tanto como puedas sobre tus prospectos.

Encuentra si tienen algún problema que puedas resolver. Construye una relación con ellos. Luego, cuando decidan resolver su problema, pueden decidir resolverlo contigo.

No importa si tus prospectos pasan el Test de Cinco Preguntas. Lo que importa es que **tú** pases el Test de Cinco Preguntas.

***

Entonces, ¿cómo sabremos si nuestros prospectos tienen un problema? Preguntamos.

A los prospectos les encanta hablar. No tendrán problemas respondiendo nuestras preguntas.

Ahora, nuestro prospecto estará haciendo la mayoría de la plática. Nosotros escuchamos. Recogemos las pistas sobre los problemas de nuestro prospecto. Cuando escuchamos un problema que podemos resolver, haremos una pregunta o un comentario sobre ese problema. Algunas veces debemos de esperar un poco antes de que tengamos una oportunidad de preguntar o hacer un comentario.

Aquí hay algunos ejemplos de cómo nuestra parte de la conversación podría sonar.

- "¿Estás de acuerdo con estar tan ocupado que no tengas tiempo para tu familia?"
- "¿Cómo te sientes durante esos largos traslados todos los días?"
- "¿Esperas un aumento de sueldo enorme este año en tu trabajo?"
- "Sí. Los empleos ya no nos dan ninguna esperanza. Si no comenzamos nuestro propio negocio, estaremos sentenciados a una vida de trabajo forzado."
- "Tienes razón. Las cosas son demasiado caras hoy en día. ¿Qué estás haciendo para que te llegue más dinero el próximo mes?"
- "Sí, es imposible salir adelante con un solo cheque hoy en día."

Podríamos usar esta misma estrategia en fiestas.

Si no nos gusta salir a eventos de referidos, ¡podemos ir a fiestas!

Ayuda a los anfitriones. Toma una charola con aperitivos, ve con todos los invitados y ofréceles algo de comer. Qué manera tan genial de comenzar una conversación. No nos tomará mucho tiempo para encontrar el momento apropiado para romper el hielo.

¿A cuántas fiestas podríamos ir? ¡Vaya! Esto podría ser un reto divertido.

Con una cantidad ilimitada de prospectos pre-calificados de donde elegir, prospectar no será un problema para nosotros.

Y FINALMENTE.

Todas las técnicas en este libro funcionan mejor cuando las usamos. Tener conocimientos y no usarlos es igual a no tenerlos.

Así que revisemos de nuevo la idea completa.

La mayoría de los prospectos quieren comprar. Quieren estar más sanos. Quieren vivir más tiempo. Quieren más dinero en sus vidas.

Deberíamos hablar con los prospectos usando estos cuatro pasos, manteniéndolos en el orden correcto.

1. Primero, construir algo de afinidad.

2. Romper el hielo para introducir nuestro negocio.

3. Cerrar a nuestros prospectos. Conseguir su decisión ya.

4. Finalmente, si su respuesta fue "sí," darles una presentación.

Si mantenemos estos cuatro pasos en el orden correcto. No tendremos que preocuparnos sobre el rechazo. Nuestros prospectos nos amarán.

Y esto hace que nuestro negocio en redes de mercadeo no sólo sea divertido, sino muy redituable.

Y como el líder de redes de mercadeo Eugene Hong dijo una vez, "Queremos ser tan exitosos con nuestro negocio, que todos los días nos despertemos cuando hayamos terminado de dormir."

AGRADECIMIENTO.

Gracias por adquirir y leer este libro. Esperamos que hayas encontrado algunas ideas que te servirán.

Antes de que te vayas, ¿estaría bien si te pedimos un pequeño favor? ¿Tomarías sólo un minuto para dejar una frase o dos como comentario en línea de este libro? Tu opinión puede ayudar a otros a elegir qué leer a continuación. Sería de gran ayuda para muchos otros lectores.

Viajo por el mundo más de 240 días al año.
Envíame un correo si quisieras que hiciera
un taller "en vivo" en tu área.

→ BigAlSeminars.com ←

POR QUÉ NECESITAS COMENZAR A HACER REDES DE MERCADEO

Cómo Eliminar El Riesgo
Y Tener Una Vida Mejor

KEITH SCHREITER

¡OBSEQUIO GRATIS!

¡Descarga ya tu libro gratuito!

Perfecto para nuevos distribuidores. Perfecto para
distribuidores actuales que quieren aprender más.

→ BigAlBooks.com/freespanish ←

Otros geniales libros de Big Al están disponibles en:

→ BigAlBooks.com/spanish ←

MÁS LIBROS EN ESPAÑOL

BigAlBooks.com/Spanish

Mini-Guiones para los Cuatro Colores de las Personalidades
Cómo Hablar con Nuestros Prospectos de Redes de Mercadeo

3 Hábitos Fáciles para Redes de Mercadeo
Automatiza Tu Éxito en MLM

Crea Influencia
10 Maneras de Impactar y Guiar a Otros

¿Por Qué Mis Metas No Funcionan?
Los Colores de las Personalidades para Redes de Mercadeo

¡Cómo Hacer que los Niños Digan SÍ!
Usando los Cuatro Colores de Lenguajes Secretos para Hacer que los Niños Escuchen

La Historia de Dos Minutos para Redes de Mercadeo
¡Crea una Grandiosa Historia Memorable!

Guía de Inicio Rápido para Redes de Mercadeo
Comienza RÁPIDO, ¡Sin Rechazos!

Pre-Cierres para Redes de Mercadeo
Decisiones de "Sí" Antes de la Presentación

Cierres para Redes de Mercadeo
Cómo Hacer que los Prospectos Crucen la Línea Final

Los Cuatro Colores de Las Personalidades para MLM
El Lenguaje Secreto para Redes de Mercadeo

Cómo Construir Tu Negocio de Redes de Mercadeo en 15 Minutos al Día

La Presentación de Un Minuto
Explica Tu Negocio de Redes de Mercadeo Como un Profesional

Ventas al por Menor para Redes de Mercadeo
Cómo Conseguir Nuevos Clientes para Tu Negocio en MLM

Motivación. Acción. Resultados.
Cómo Los Líderes En Redes De Mercadeo Mueven A Sus Equipos

51 Maneras Y Lugares Para Patrocinar Nuevos Distribuidores
Descubre Prospectos Calificados Para Tu Negocio De Redes De
Mercadeo

Rompe El Hielo
Cómo Hacer Que Tus Prospectos Rueguen Por una Presentación

**¡Cómo Obtener Seguridad, Confianza, Influencia Y Afinidad Al
Instante!**
13 Maneras De Crear Mentes Abiertas Hablándole A La Mente
Subconsciente

Primeras Frases Para Redes De Mercadeo
Cómo Rápidamente Poner A Los Prospectos De Tu Lado

La Magia De Hablar En Público
Éxito Y Confianza En Los Primeros 20 Segundos

MLM de Big Al la Magia de Patrocinar
Cómo Construir un Equipo de Redes de Mercadeo Rápidamente

**Cómo Prospectar, Vender Y Construir Tu Negocio De Redes De
Mercadeo Con Historias**

Cómo Construir LíDERES En Redes De Mercadeo Volumen Uno
Creación Paso A Paso De Profesionales En MLM

Cómo Construir Líderes En Redes De Mercadeo Volumen Dos
Actividades Y Lecciones Para Líderes de MLM

**Cómo Hacer Seguimiento Con Tus Prospectos Para Redes De
Mercadeo**
Convierte un "Ahora no" En un "¡Ahora mismo!"

Por Qué Necesitas Comenzar A Hacer Redes De Mercadeo
Cómo Eliminar El Riesgo Y Tener Una Vida Mejor

COMENTARIO DEL TRADUCTOR

Ha sido un placer para mí traducir este libro para los lectores en español. *Cómo Construir Rápidamente tu Negocio de Nutrición en Redes de Mercadeo*, hace que el procedimiento completo sea muy claro. Me ofrecí para traducir este libro ya que las ideas aquí mostradas son las habilidades básicas que mejor funcionan para desarrollar el negocio en las etapas tempranas.

En este libro puedes ver, de manera concisa e impactante, cómo las cuatro principales habilidades profesionales se conectan para construir un negocio de redes de mercadeo en la industria de salud, nutrición o pérdida de peso, ¡sin olvidarnos de la prospección!

Así que deja atrás la frustración, el rechazo, el miedo, las dudas y la desesperación. Simplemente usa este libro para que puedas armar y pisar el pedal del acelerador para tu negocio. Y no sólo eso, sino que educa a tu equipo para que pueda hacer lo mismo.

Gracias por soltar viejos patrones de pensamiento y creer que hay una nueva manera de construir tu negocio de salud y nutrición fácil y rápidamente, sólo aprende nuevas habilidades para construir un negocio estable, divertido y redituable de la manera correcta.

Deseo grandes cheques para ti y tus socios.

–Alejandro G.

SOBRE LOS AUTORES

Keith Schreiter tiene más de 20 años de experiencia en redes de mercadeo y multinivel. Keith le muestra a los empresarios de redes de mercadeo cómo usar sistemas simples para construir un negocio estable y en expansión.

¿Necesitas más prospectos? ¿Necesitas que tus prospectos se comprometan en lugar de estancarse? ¿Quieres saber cómo enganchar y mantener activo a tu grupo? Si éste es el tipo de habilidades que te gustaría dominar, te encantará su estilo de cómo hacerlo.

Keith imparte conferencias y entrenamientos en Estados Unidos, Canadá y Europa.

Tom "Big Al" Schreiter tiene más de 40 años de experiencia en redes de mercadeo y multinivel. Es el autor de la serie original de libros de entrenamiento "Big Al" a finales de la década de los 70s, continúa dando conferencias en más de 80 países sobre cómo usar las palabras exactas y frases para lograr que los prospectos abran su mente y digan "SI".

Su pasión es la comercialización de ideas, campañas de comercialización y cómo hablar a la mente subconsciente con métodos prácticos y simplificados. Siempre está en busca de casos de estudio de campañas de comercialización exitosas para sacar valiosas y útiles lecciones.

Como autor de numerosos audios de entrenamiento, Tom es un orador favorito en convenciones de varias compañías y eventos regionales.

www.ingramcontent.com/pod-product-compliance
Lightning Source LLC
Chambersburg PA
CBHW071712210326
41597CB00017B/2449